생 명
과학의   이데올로기와
역사에
나타난   합리성

지은이 **조르주 캉길렘(Georges Canguilhem)**

1904년 프랑스 남서부의 소도시 카스텔노다리에서 태어났다. 1921년 파리의 명문 앙리 4세 고등학교에 진학했고, 1924년 장 폴 사르트르와 레몽 아롱과 동기생으로 고등사범학교에 입학했다. 1927년 고등학교 철학교사 자격시험에 합격한 이후 의학 공부를 시작했고, 여러 고등학교에서 철학교사로 재직했다. 1941년 스트라스부르 대학에서 강좌를 맡아 가르치며 레지스탕스 활동에도 적극 참여하였다. 1955년 가스통 바슐라르의 후임으로 소르본 대학의 철학교수로 부임하여 프랑스 역사 인식론적 전통을 이어갔다. 1971년까지 소르본 대학에 재직하며 미셸 푸코, 루이 알튀세르, 질 들뢰즈 등 프랑스의 대표적 현대철학자들에게 큰 영향을 주었다. 저서로는 의학 박사학위 논문인『정상적인 것과 병리적인 것』을 비롯하여『생명에 대한 인식』,『17, 18세기 반사개념의 형성』,『과학사·과학 철학연구』등이 있다.

옮긴이 **여인석**

1990년 연세대학교 의과대학을 졸업하고 동 대학원에서 기생충학으로 의학 박사학위를 받았으며, 파리 7대학에서 서양고대의학의 집대성자인 갈레노스에 대한 연구로 박사학위(인식론·과학사)를 받았다. 현재 연세대학교 의과대학 의사학과 교수 및 의학사연구소 소장으로 재직하고 있다. 저서로는『한 권으로 읽는 동의보감』(공저),『의학사상사』,『한국의학사』(공저) 등이 있고, 역서로는『정상적인 것과 병리적인 것』,『캉길렘의 의학론』,『라캉과 정신분석혁명』,『생명에 대한 인식』(공역),『히포크라테스 선집』(공역),『의학: 놀라운 치유의 역사』,『알렌의 의료보고서』등이 있다.

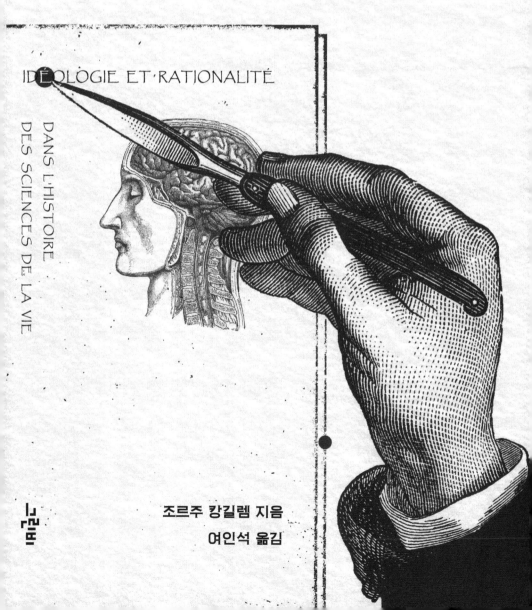

생명
과학의
역사에
나타난

이데올로기와 합리성

IDÉOLOGIE ET·RATIONALITÉ

DANS L'HISTOIRE DES SCIENCES DE LA VIE

조르주 캉길렘 지음

여인석 옮김

Idéologie et rationalité dans l'histoire des sciences de la vie, 2nd edition

by Georges Canguilhem

Copyright © Librairie Philosophique J. Vrin, Paris, 1977 ; 2009.

www.vrin.fr

Korean edition copyright © Greenbee Publishing Co., 2024.

All rights reserved.

This Korean edition is published by arrangement with La Librairie Philosophique J. Vrin through Shinwon Agency Co., Seoul.

철학의 정원 67

생명과학의 역사에 나타난 이데올로기와 합리성

초판1쇄 펴냄 2024년 6월 21일

지은이 조르주 캉길렘
옮긴이 여인석
펴낸이 유재건
펴낸곳 (주)그린비출판사
주소 서울시 마포구 와우산로 180, 4층
대표전화 02-702-2717 | **팩스** 02-703-0272
홈페이지 www.greenbee.co.kr
원고투고 및 문의 editor@greenbee.co.kr

편집 이진희, 구세주, 정미리, 민승환 | **디자인** 이은솔, 박예은
물류유통 류경희 | **경영관리** 이선희

이 책의 한국어판 저작권은 신원에이전시를 통한 Vrin과의 독점계약으로 (주)그린비출판사에 있습니다.
저작권법에 의하여 한국 내에서 보호를 받는 저작물이므로 무단전재와 무단복제를 금합니다.
책값은 뒤표지에 있습니다. 잘못 만들어진 책은 구입처에서 바꿔 드립니다.
ISBN 978-89-7682-866-8 93160

독자의 학문사변행學問思辨行을 돕는 든든한 가이드 _(주)그린비출판사

차례

일러두기

1. 이 책은 Georges Canguilhem, *Idéologie Et Rationalité Dans L'histoire Des Sciences De La Vie*(Paris, Librairie Philosophique J. Vrin, 1977; 2009)를 완역한 것이다.
2. 본문 중 독자의 이해를 돕기 위해 옮긴이가 추가한 내용은 대괄호([ ])로 표시했다.
3. 단행본·정기간행물 등의 제목에는 겹낫표(『 』)를, 논문·단편·영화·미술작품 등의 제목에는 낫표(「 」)를 사용했다.
4. 외국어 고유명사는 2017년 국립국어원에서 펴낸 외래어표기법을 따르되, 관례가 굳어서 쓰이는 것들은 그것을 따랐다.

프랑스 의학철학의 계보와 조르주 캉길렘[1]

서론

의학에 대한 철학적 고찰의 역사는 깊다. 히포크라테스 전집에 들어 있는 「의술에 관하여」는 의술의 가치에 대한 변론으로 의학의 성격과 본질에 대한 반성적 사유가 이미 서양의학의 여명기부터 이루어졌음을 말해 주고 있다. 히포크라테스의 뒤를 이어 고대 서양의학을 집대성한 갈레노스 또한 의학의 특성과 본질에 대한 여러 편의 글을 남기고 있다.[2] 의학과 철학의 밀접한 관계는 비단 고대에만 한정되는 현상이 아니었다. 의학과 철학은 서양의학의 역사를 통해 내내 밀접한 관계를 유지해 왔다. 의학이 특정한 증상이나 질병에 대한 경험적 대응의 차원을 넘어서고자 할 때, 그래서

---

1   이 글은 원래 다음에 실린 글을 조금 수정한 것이다. 여인석, 「역사, 철학, 그리고 의학: 프랑스의 의철학 전통」, 『의철학연구』 1, 2006, 61~81쪽.
2   히포크라테스의 의학론에 대해서는 다음의 글을 참조하라. 여인석, 「고대희랍의학의 의학론」, 『의사학』 13(1), 2004, 121~127쪽.

경험적 치료를 이론적으로 정당화할 근거를 찾고자 할 때 도움을 준 것은 철학적 사유였다. 의학이 인간의 모든 차원을 포괄하는 종합적 인간학이 되고자 하거나 아니면 수학적 엄밀성을 지니는 자연과학이 되고자 할 때도 거기에는 항상 특정한 철학적 입장이 바탕에 깔려 있다. 요컨대 의학을 무엇으로 규정하건 거기에는 의학을 그것으로 규정하는 모종의 철학이 전제된다는 점에서 의학은 철학과 분리될 수 없다.

그렇다면 의학과 역사의 관계는 어떠한가? 물론 시간 속에서 존재하는 모든 것은 필연적으로 역사화된다는 점에서는 의학도 예외는 아니다. 그러나 의학과 역사의 관계는 이러한 일반적 관계를 넘어선다. 고대 희랍의 역사가 투키디데스에게 역사 서술의 모델이 된 것은 히포크라테스의 의학이었다. 역사가는 현상에서 출발하여 질병의 원인을 찾아 나가는 의학적 탐구 방법에서 바람직한 역사 서술의 전범을 보았다. 투키디데스는 히포크라테스 전집에서 질병의 원인과 관련하여 사용되는 'prophasis'의 개념을 역사적 사건과 과정의 원인을 찾는 개념으로 차용하여 사용하였다.[3] 또한 히포크라테스 의학에서 질병은 시간적인 경과를 통해 펼쳐지는 일련의 사건으로 이해된다. 여기서 질병은 일정한 단계를 거쳐 진행되며 각각의 병리적 현상과 증상은 질병이 가지는 전체적인 역사적 구조 속에 통합될 때 의미를 가지게 된다.[4] 질병의 과정과 역사적 과

---

3   Georg Rechenauer, *Thukydides und die hippokratische Medizin*, Georg Olms, 1991, pp. 38~111.
4   여인석, 「갈레노스의 질병 개념」, 『의사학』 12(1), 2003, p. 56.

정을 유사한 차원에서 바라보는 것이 히포크라테스 의학에 한정되는 현상만은 아니다. 오늘날 환자의 병력(病歷)을 'history'라고 하는 것에서 알 수 있는 바와 같이 역사는 의학과 분리될 수 없는 관계에 있다.

그런데 오늘날 현대의학은 묘한 역설 속에 빠져 있다. 그것은 현대의학의 자기규정이나 미래에 대한 전망이 분명히 특정한 철학적 입장 위에 서 있음에도 불구하고 의학은 철학과는 무관한 학문처럼 생각하는 역설이며, 또한 현대의학의 발전은 오늘 진리로 여겨지던 사실이 내일은 다른 것으로 대치되는 지극히 역사적인 과정 속에서 이루어지고 있으나 오늘의 진리를 불변의 진리로 절대화하는 오류에 쉽게 빠져드는 역설이다. 그것은 한의학이 수백, 수천 년 전의 경전에 집착하며 스스로를 비역사화시키는 역설과 묘한 대칭을 이루고 있다. 우리는 의학에 대한 깊이 있는 반성은 의학의 본질에 대한 철학적 사유와, 의학의 생성과 변천 과정에 대한 역사적 성찰이 결합할 때 온전히 이루어질 수 있다고 생각한다. 그런 의미에서 프랑스의 의학철학 전통은 우리에게 좋은 본보기를 제공해 준다.

1. 생기론적 전통

프랑스 의학철학의 전통에 관한 본격적인 논의에 들어가기 전에 '지혜에 대한 사랑'이라는 어원적 의미를 지니는 '철학'이라는 용어가 의학적 맥락에서는 어떻게 사용되는지에 대해 살펴보자. 1820년 파리에서 출판된 한 의학백과사전에는[5] 특이하게도 '철학'이라는 항목이 들어 있다.[6] 유명한 피넬(Philippe Pinel)의 제자로 이 항목을 집필한 브리슈토(Isidore Bricheteau, 1789~1861)에 따르면 철학이라는 말은 세 가지 의미로 사용된다. 먼저 그것은 인간과 인간의 능력에 대한 앎을 의미한다. 이런 의미에서의 철학은 형이상학이나 심리학을 지칭한다. 다음으로 철학은 편견과 잘못된 판단을 넘어서 진실과 오류를 분별할 수 있게 해 주는 인간 정신의 총체를 의미하기도 한다. 마지막으로 철학은 어떤 학문의 내용이나 본질을 지칭하기도 한다. 그리고 대개 이 세 번째 의미에서 18, 19세기에 나온 자연과학 서적의 제목에 '철학'이라는 명칭이 붙었다. 푸르크루아(Antoine-François de Fourcroy)가 쓴 『화학철학』(*Philosophie chimique*), 라퐁(Jean-Baptiste Lafon)이 쓴 『의학철학』(*Philosophie médicale*), 라마르크(Jean-Baptiste Lamarck)의 『동물철학』(*Philosophie zoologique*) 등이 모두 이러한 용법을 보여 주는 사례들이다. 이러한 책들은 지금의 우리가 일반적으로 기대하는 것과는 달리 해당 학문에 대한 철학적 성찰만을 담은 것이 아니라 해당 학문을 구성하는 기초적인 원리와 내용을 모두 담고 있다.

　여기서 먼저 1796년 프랑스어권에서는 최초로 『의학철학』이

5　*Dictionnaire des Sciences Médicales*, vol. 1~60, Paris, Panckoucke, 1820. 19세기 초에 발간된 대표적인 의학백과사전이다. 총 60권에 달하는 방대한 분량이다.
6　Isidore Bricheteau, "Philosophie", *Dictionnaire des Sciences Médicales*, pp. 296~307.

라는 제목을 달고 나온 라퐁 저작의 내용을 살펴보자.[7] 이 책의 부제는 '인간의 건강을 유지하고 회복시키는 학문과 기예의 근본 원리'이다. 다시 말해 의학의 근본 원리를 서술한 책이다. 생기론의 강한 영향을 받아 저술된 이 책은 그러나 의학 자체에 대한 철학적 성찰이라기보다는 의학의 대상이 되는 인간의 몸과 그 작동 원리에 대한 이론적 성찰로 이루어져 있다. 이 책의 첫째 장은 '자연'에 대한 장으로 자연계를 구성하는 물질적 요소들 일반에 대한 서술과 물리적 세계의 구성 요소 상호 간에 작용하는 힘의 종류에 대해 설명하고 있다. 그런데 이 책에서 강조되는 점은 죽어 있는 물질세계에 작용하는 힘이나 법칙이 아니라 이들과는 완전히 다른 생명력에 의해 조직되고 유지되는 유기체에 두어져 있다.[8] 무기물의 세계는 응집과 구성의 인력과 해체의 반발력으로 특징지어지는 반면[9] 생명체는 자발적인 생명력이나 생명의 원리로 특징지어진다. 요컨대 라퐁은 지극히 생기론적인 입장에서 인간을 포함한 살아 있는 유기체에 접근한다.

이처럼 생명체에 대한 총론적 입장을 밝힌 저자는 각론으로 들어가 개별적인 생리적 현상이 어떤 차원에서 이루어지는가를 논의한다. 저자는 모든 생리적, 심리적 작용의 중추를 신경계로 보며 따라서 모든 질환도 신경계의 이상이나 손상에서 유래한 것으로 파악한다. 사실 총론을 제외한 이 책의 대부분은 신경계가 인

---

7   Docteur Lafon, *Philosophie Médicale*, Paris, Maradan, 1796.
8   *Ibid.*, p. 21.
9   *Ibid.*, pp. 12~20.

체의 생리적, 심리적, 병리적 현상과 어떤 관계에 있는가를 밝히는
데 바쳐지고 있으며 이 책의 끝부분에 나오는 질병 분류도 동일한
원칙에 따라 서술되고 있다. 그런데 라퐁이 말하는 신경계란 단순
히 해부-생리학적인 의미의 일반적인 용어로 사용되는 것이 아니
라 생명체의 특수성과 고유성을 대표하는 특별한 용어로서 사용되
고 있다. 결국 라퐁의 『의학철학』은 생기론적 입장에서 의학의 철
학과 내용을 재해석한 책이라고 볼 수 있다. 그리고 프랑스어로 출
판된 최초의 의학철학 책이 생기론적 입장에서 저술되었다는 점
은 프랑스 의학철학 전통에서 생기론이 차지하는 비중과 의미를
잘 말해 주는 상징적 사건이라 할 수 있다. 생기론에 대한 논의는
적어도 프랑스에서는 19세기는 말할 것도 없고 20세기까지도 의학
철학의 중요한 주제로 다루어진다. 19세기와 20세기에 나온 의학철
학에 관한 저서들은 예외 없이 이 문제와 어떤 식으로든 대결하고
있으며 어떤 방식의 의학철학을 전개하는가 하는 문제는 결국 생
기론에 대해 어떤 입장을 취하는가에 달려 있다고 해도 과언은 아
니다.

　　따라서 생기론은 단순히 역사상 특정한 시기에 존재했던 하나
의 학설 이상의 의미를 가진다. 그래서 푸코는 생물학의 역사에서
생기론은 본질적인 지표의 역할을 수행한다고 말하고 있는 것이
다.[10] 그것은 두 가지 방식으로 이루어진다. 첫 번째는 해결해야 할
문제에 대한 이론적 지표로서의 역할이다. 여기서 말하는 해결해
야 할 문제는 자연계의 다른 영역들과 생명체를 구별 짓는 고유성
이 무엇인가 하는 문제이다. 두 번째는 피해야 할 환원에 대한 비

판적 지표로서의 역할이다. 여기서 말하는 피해야 할 환원이란 보존, 조절, 적응, 생식 등과 같이 가치와 관련된 입장이 없이는 생명과학이 성립되지 않는다는 사실을 무시하고 생명과학을 다른 물리과학과 같은 방식으로 환원시키는 것이다.[11]

물론 생기론이 프랑스만의 특징이라고 보기는 어렵다. 20세기 프랑스에서 생기론의 문제를 가장 깊이 있게 다룬 캉길렘에 따르면 생기론은 의학사상의 두 가지 전통에 맞닿아 있다. 하나는 히포크라테스주의이고 다른 하나는 아리스토텔레스주의이다. 그런데 생기론에서는 히포크라테스주의가 차지하는 비중이 더욱 크다. 생기론적 전통은 결국 자연치유력(vis medicatrix naturae)을 강조하는 히포크라테스 의학과 같은 선상에 놓이게 되는데 그것은 생명의 원리 혹은 힘이 결국 자연치유의 근거가 되기 때문이다. 이런 입장은 인위적인 개입의 효과보다는 자연치유로 이끄는 생명력을 더욱 신뢰하므로 의학적 회의주의와 연결된다.[12] 또 히포크라테스와 아리스토텔레스까지 거슬러 올라가지 않더라도 18세기 독일에서 기원한 슈탈(Georg Ernst Stahl)의 'animism'은 유럽 전역의 의학계에 상당한 영향력을 미쳤고 몽펠리에의 생기론 역시 이에 빚진 바가 적지 않다.[13] 생명에 대한 신비주의적 개념은 독일 낭만주의와 결합

10   Michel Foucault, "La Vie : l'Expérience et la Science", *Revue de Metaphysique et de Morale* 90(1), 1985, p. 12.
11   *Ibid.*
12   Georges Canguilhem, "Aspects du Vitalisme", *La Connaissance de la Vie*, Paris, Vrin, 1989, p. 86.
13   서양의학사에서 생명 개념의 역사적 변천 과정에 대해서는 다음의 논문에 정리되어 있다. 여인석, 「의학에서 본 생명의 문제」, 『철학과 인접학문의 대화』, 철학과현실사, 2004, 87~105쪽.

하여 더욱 강화되었으며 18세기 독일의 의학사가인 슈프렝겔(Kurt Sprengel)이 한탄했듯이 18세기 독일 의학을 관념적이고 공허한 학문으로 만들었다. 19세기에 들어서면 생기론은 독일과 프랑스에서 다른 전개 과정을 겪게 된다. 독일의 생기론은 생물학자들, 특히 발생학자들에 의해 주로 수용되는 반면 프랑스에서는 여전히 몽펠리에 학파를 중심으로 의학에서 수용되는 모습을 보인다. 19세기 후반에 이르면 유럽의 의학은 실험실 의학으로 그 성격이 크게 바뀌는데 독일의 실험실 의학이 화학의 영향을 강하게 받는 반면 프랑스의 실험실 의학은 생리학을 중심으로 발달하게 된다. 따라서 생기론의 문제가 독일에서는 실험발생학이라는 영역에 국한되어 논의되나 프랑스에서는 여전히 의학의 문제로 남는다.

클로드 베르나르의 유명한 『실험의학연구서설』도 결국은 이 문제에 대한 19세기 생리학의 해결 방식이다. 베르나르의 유명한 정의에 따르면 생명은 창조이며 발달 과정이다.[14] 다시 말해 그는 생명을 발전과 전개의 과정으로 파악한 것이다. 생명에 대한 이러한 태도는 생명을 원리로 보는 몽펠리에 생기론자들의 입장과도 다를 뿐 아니라 생명을 물리-화학적 성질들의 집합으로 보는 실증주의자들의 입장과도 구별된다.[15] 한편 생기론은 20세기 프랑스에서 진화론과 결합하여 철학적 학설로 다시 태어난다. 그것은 베르그송(Henri Bergson)의 창조적 진화론과 테야르 드 샤르댕(Pierre Teil-

---

14   Claude Bernard, *Le Cahier Rouge*, Paris, Gallimard, 1942, p. 112.
15   Georges Canguilhem, "La nouvelle connaissance de la vie", *Etudes d'Histoire et de Philosophie des Sciences*, Paris, Vrin, 1989, p. 355.

hard de Chardin)의 신학적 진화론이다. 그런데 베르그송의 진화론과 샤르댕의 진화론 사이에는 큰 차이가 존재한다. 두 사람 모두 생기론적 진화론을 주장하였으나 베르그송은 목적론을 거부하는 반면 샤르댕은 신학적 목적론을 고수한다. 그렇다면 생기론은 20세기에 들어 철학과 신학 속으로 증발해 버린 것일까? 그렇지는 않다. 분자생물학의 역사에 중요한 이정표를 세운 자크 모노(Jacques Monod)는 1970년에 출판된 『우연과 필연』에서 분자생물학자의 입장에서 여전히 이 문제를 다루고 있다. 그는 생기론의 문제를 유기체와 비유기체를 나누는 기준이라는 전통적 방식이 아니라 '자연적 대상'과 '인공적 대상'의 구별이라는 관점에서 새롭게 제기한다.[16] 이 새로운 분할을 통해 그는 생명체의 특성을 목적성, 자발적 형태형성, 항속성이라는 세 가지 특성으로 규정한다. 그는 이 책에서 생기론에 관한 논의에 한 장을 할애해 생기론의 문제가 현대의 분자생물학에서도 여전히 중요한 철학적 문제임을 보여 주고 있다. 여기서 그는 생기론을 내용에 따라 "형이상학적 생기론"과 "과학적 생기론"으로 나누어[17] 실증주의의 세례를 받기 이전의 생기론과 이후의 생기론을 구별한다.

그렇다면 생기론의 문제를 의학철학에서 어떻게 위치 지어야 할 것인가? 이를 위해서는 먼저 생기론의 성격에 대해 분명한 인식을 할 필요가 있다. 캉길렘이 정확히 지적했듯이 생기론은 방법

---

16   Jacques Monod, *Le Hasard et la Nécessité*, Paris, Seuil, 1970, pp. 19~26.
17   *Ibid.*, p. 43.

이기보다는 당위적인 요청이고, 이론이기보다는 정신적인 가치이다.[18] 따라서 그것은 단순히 유기체와 비유기체를 나누는 분할선에 관한 문제가 아니라 가치의 문제와 연결되어 있는 것이다. 그리고 의학이 인간이라는 지극히 가치지향적인 존재의 문제를 다루는 한 생기론의 문제는 단순히 '프랑스적 전통'에 국한되지 않고 의학철학의 중심적인 문제로 남아 있을 수밖에 없을 것이다.

2. 실증주의적 전통

앞에서 언급한 생기론적 전통이 프랑스 의학철학의 중요한 요소 중 하나라면 그에 못지않게 중요한 것은 실증주의적 전통이다. 생기론이 방법이기보다는 당위적 요청이고, 이론이기보다는 정신적인 가치라고 규정한 캉길렘의 말을 뒤집으면 정확히 실증주의적 전통의 성격이 드러난다. 다시 말해 실증주의는 당위적 요청이기보다는 방법이고, 정신적인 가치라기보다는 이론이다. 프랑스 의학에서 생기론적 전통과 실증주의적 전통은 몽펠리에 학파와 파리 임상의학파의 대립으로 나타났고 그것은 의학의 내용과 철학에 그대로 반영되었다.

　　프랑스 의학의 실증주의적 전통은 콩트(Auguste Comte)의 실증주의가 등장하기 이전에 이미 분명한 형태로 나타난다. 프랑스 혁

18　Canguilhem, "Aspects du Vitalisme", *La Connaissance de la Vie*, pp. 87~88.

명 당시 이데올로그의 한 사람이었던 카바니스는 1803년에 출판한 『의학의 확실성 정도에 관하여』라는 저서에서 의학에 대한 실증주의적 철학을 분명하게 천명하고 있다. 그는 생명체의 신비한 특성을 내세워 의학을 모호하고 불확실한 상태의 학문에 두려는 모든 시도에 반대하여 의학을 확실한 토대 위에 놓고자 했다. 카바니스에 따르면 의학을 모호한 학문으로 만드는 이들의 주장은 다음의 여섯 가지로 요약된다.[19]

1) 생명의 신비는 인간의 시야를 넘어선다. 우리는 그 원리를 전혀 알 수 없다. 2) 우리는 질병의 본질과 제1원인을 전혀 알 수 없다. 3) 질병은 너무나 다양한 형태로 나타나고 또 다른 질병과 결합되는 양상도 다양하므로 아무리 세밀하게 관찰한다 하더라도 일반적인 규칙을 이끌어 낼 수 없다. 4) 치료제로 사용하는 물질의 본성과 그것이 우리 몸에 작용을 일으키는 방식을 우리는 모르며 그러한 지식에 도달할 어떠한 수단도 우리에게는 없다. 5) 의학적 경험은 질병에 대한 관찰보다 더욱 복잡하다. 어떤 치료제를 투여했을 때 생기는 효과는 수많은 원인에 의해 결정된다. 따라서 그 치료제가 질병을 치료했다고 말할 수 없다. 시간적인 전후 관계가 곧 인과 관계는 아니다. 6) 만약 의학이 확실한 토대 위에 서 있다면 역사를 통해 그토록 다양한 이론들이 등장하지 않았을 것이다. 의학의 역사에서 그토록 다양한 이론이 등장한다는 것은 의학의 토대가 확실하지 않다는 증거이다.

19   Pierre Jean Georges Cabanis, *Du Degré de Certitude de la Médecine*, Paris, Crapelet, 1803, pp. 20~ 33.

이 각각의 주장에 대한 카바니스의 반론을 여기서 일일이 소개하지는 않겠다. 간단히 말해 카바니스는 감각주의의 입장에서 여기에 답하고 있다. 그도 생명의 본질이나 사물의 제1원인의 파악은 인간 인식의 한계를 넘어선다는 사실을 인정한다.[20] 그러나 그렇다고 해서 의학이 불확실한 학문이 되어야 할 이유는 없다. 우리는 현상을 충실히 관찰함으로써 의학의 확실한 토대를 놓을 수 있다. 농부는 식물생명의 비밀을 모르더라도 훌륭하게 농사를 지을 수 있다. 농사에 대한 농부의 확실한 지식은 자연현상에 대한 직접적 경험과 관찰에서 유래한다. 의학 지식도 마찬가지이다. 카바니스의 말을 들어 보자.

이 원인들은 모두 관찰 가능한 영역 내에 있다. 우리는 그것을 볼 수 있고 만질 수 있다. 그리고 [환자의] 충실한 진술을 통해 그 원인에 대한 지식을 획득할 수 있다. 이들 원인은 항상 생명체에서 어떠한 현상을 만들어 내기 때문에 우리는 이러한 현상 안에서 그 원인을 찾아야 하며, 고유한 효과들에서 그 원인을 찾아내는 일에 익숙해져야 한다.[21]

즉 그는 본질이 아니라 현상에 집중함으로써 충분히 의학의 확실한 토대를 놓을 수 있다고 보았다. 그런 의미에서 그는 클로드

---

20   *Ibid.*, pp. 58~60.
21   *Ibid.*, p. 71.

베르나르가 60년 후에나 주장한 내용을 이미 이 시기에 선취하고 있는 것이다.

실증주의적 입장의 의학철학은 파리의과대학의 교수였던 부이요(Jean-Baptiste Bouillaud, 1796~1881)가 1836년에 출판한 『의학철학론』에서 보다 분명하고 체계적인 형태로 제시된다.[22] 앞서 언급한 라퐁의 책이 나오고 40년이 지난 후에 출판된 이 책은 그 구성과 내용에서 라퐁의 저서와는 대조적인 모습을 보인다. 특히 부이요는 이 책의 서문에서 의학연구에 엄밀함과 정확함을 부여하고, 물리과학에서 일반적으로 따르는 방향에 의학도 일치시키기 위해 이 책을 저술했다며 그의 실증주의적 입장을 분명히 밝히고 있다.[23] 라퐁의 책이 몽펠리에 학파의 생기론적 입장을 대변한다면 부이요의 저서는 이에 대립하는 파리 임상의학파의 실증주의적 정신을 대변한다. 이러한 차이는 책의 구성과 내용에도 반영되어 있다.

이 책은 크게 네 부분으로 구성되어 있는데 백여 쪽에 이르는 1부는 히포크라테스에서부터 당대에 이르는 의학의 역사에 관한 고찰이다. 부이요뿐만 아니라 많은 18, 19세기 의학자들의 저술에서 깊은 인상을 받는 것은 의학의 역사에 대한 그들의 관심과 지식이다. 대부분의 의학자들은 히포크라테스 이후 당대의 중요한 의학자들에까지 이르는 의학의 역사에 정통하며 자신들의 이론을 정

---

22 J. Bouillaud, *Essai sur la Philosophie Médicale et sur les Généralités de la Clinique Médicale*, Paris, De Just Rouvier et E. Le Bouvier, 1836.

23 *Ibid.*, p. v.

당화하는 전거로서, 혹은 비판의 대상으로서 자신들의 선배 의학
자들의 이론과 대결한다. 물론 대부분의 경우 이러한 역사적 고찰
이 그들의 의학적 논의 속에 녹아 이루어지고 있으나 저명한 의학
자들이 의학의 역사에 대해 별도로 저술한 책을 찾아보는 것도 드
문 일이 아니다.[24] 더욱이 의학에 대한 반성적 성찰을 담은 책일수
록 역사가 차지하는 비중은 커진다. 역사에 대한 이러한 관심은 프
랑스 의학철학의 중요한 전통으로 자리 잡게 되며, 역시적 사실은
철학적 논의의 중요한 근거가 된다.

　　역사를 서술한 이 책 1부를 살펴보면 그것이 단순히 의학의 역
사에 대한 연대기적 고찰이 아니라는 사실을 쉽게 알 수 있다. 이
책의 1부는 파리 임상의학파의 학문적 입장을 역사적으로 정당화
하기 위한 분명한 의도를 갖고 서술되고 있는 것이다. 이러한 역사
적 당파성은 역사 서술에 그대로 반영되고 있다. 저자는 고대로부
터 근세에 이르는 의학의 역사를 간단히 서술한 다음 백여 쪽이 넘
는 1부의 대부분을 비샤(Marie François Xavier Bichat) 이후 당대까지 파
리 임상의학파에 속하는 의학자들의 이론을 서술하는 데 할애하고
있다.

24　간에 대한 연구로 유명한 포르탈(Antoine Portal, 1742~1832)은 해부학과 외과학의 역사에 관
한 여섯 권의 방대한 저술을 남겼고(*Histoire de l'Anatomie et de la Chirugie*, 6 vols., Paris, P. Fr.
Didot le jeune, 1770~1773), 몽펠리에 학파의 대부 중 한 사람인 보르되(Théophile de Bordeu,
1722~1776)도 의학사에 관한 책을 저술했다(*Recherche sur quelques points d'histoire de la médecine*,
Paris, Cailleau, 1764). 프랑스 혁명 당시 의학의 이데올로그였던 카바니스(P. J. G. Cabanis,
1757~1808)도 의학의 발전사를 다룬 책을 저술했으며(*Coup d'oeil sur les revolutions et sur la reforme
de la médecine*, Paris, Crapart, 1804), 파리 임상의학파의 대표자 중 하나인 브루세(François J. V.
Broussais, 1772~1838)는 히포크라테스 이후 여러 의학자들의 이론을 비판적으로 검토한 저술
을 남겼다(*Examen de la doctrine médicale généralement adoptée*, Paris, Chez Gabon, 1816).

반대파에 대한 입장도 역사 서술에 그대로 나타난다. 당시 파리 임상의학파와 가장 큰 대립관계에 있었던 것은 생기론을 주장하는 몽펠리에 학파였다. 부이요 역시 생기론에 반대하고 있었다. 그는 생명현상이 물리-화학적 현상을 지배하는 법칙과는 무관하게 일어난다고 보는 생기론자들은 큰 오류 속에 빠져 있다고 비판했다. 그리고 생명현상에만 존재하는 것처럼 보이는 고유성은 기실 물리-화학적 조건이 유기체에서 변형된 형태로 나타난 결과일 뿐 결코 생명현상이 물리-화학의 법칙이 아닌 다른 독자적 원리와 법칙의 지배를 받기 때문에 나타나는 것은 아니라는 점을 분명히 주장했다.[25] 또 그는 슈탈의 생기론에 대해 간단히 비판적으로 언급한 다음[26] 그것의 프랑스적 연장인 몽펠리에의 생기론에 대해서는 한마디도 언급하지 않고 곧장 피넬과 비샤로 넘어가고 있어 이러한 침묵이 의도적인 것임을 보여 주고 있다.

이 책의 2부에서 저자는 의학의 방법론에 대해 고찰하고 있다. 그는 의학에서 방법이 필요한 이유를 다음과 같이 말하고 있다. "과학이 감각에 의해 밝혀진 지적 능력의 산물이다라는 말은 누구나 알고 있다. 그러나 어떠한 과정을 통해 인간의 정신이 다양한 지식을 습득하는가를 정확하게 제시하는 것, 거기에 처음 생각했던 것보다 훨씬 복잡하고 해결하기 어려운 문제가 자리 잡고 있

25 Bouillaud, *Essai sur la Philosophie Médicale et sur les Généralités de la Clinique Médicale*, pp. 256~257.
26 *Ibid.*, pp. 19~21.

다."[27] 여기서 말하는 다양한 지식 습득의 문제는 곧 인식론의 문제로 거기에 대해 부이요는 두 가지 상반된 견해를 제시한다. 하나는 콩디야크(Étienne Bonnot de Condillac)와 같이 지식의 습득을 감각의 차원에서 마무리 짓는 감각론자들의 견해와 이에 대항해 감각 이후의 과정을 설정하는 입장이다. 바슐라르식으로 표현하자면 과학적 인식과 감각적 인식 사이에는 심연이 존재한다. 그리고 우리의 감각에 자명한 인식으로부터 과학적 인식으로 이행하기 위해서는 '인식론적 장애물'을 뛰어넘어야 한다. 후자의 입장을 지지하는 부이요는 의학의 영역에서 과학적 지식에 도달하는 방법을 관찰, 실험, 추론(raisonnemant)으로 나누어 설명하고 있다. 그는 관찰을 외적 관찰과 내적 관찰로 다시 세분하는데 외적 관찰이란 우리 몸의 속성이나 현상을 파악하기 위해 우리의 감각을 즉각적으로 적용하는 것을 의미한다.[28] 외적 관찰의 일부에는 실험(experiment)이 포함된다. 부이요가 말하는 실험은 오늘날 우리가 이해하는 실험의 개념과 거의 차이가 없다. 그는 우리들 감각에 포착되지 않는 현상을 관찰하는 데 있어 그 현상의 관찰을 가로막는 장애물을 제거하기 위해 인위적으로 고안된 모든 방법을 실험이라고 정의한다.[29] 거기에는 타진, 청진, 체온 측정, 전류 측정, 힘 측정 등이 포함되며 이들은 의학적 관찰의 중요한 수단이 된다. 다시 말해 그것은 당대까지 개발된 각종 도구적, 기계적 장치를 사용하여 인체가 내보내는

27   *Ibid.*, p. 119.
28   *Ibid.*, p. 129.
29   *Ibid.*, pp. 132~133.

각종 정보를 수량화하는 방법이다.

그런데 이러한 외적 관찰은 자연적 존재로서 몸이 가지는 일반적인 속성이나 현상을 파악하는 데는 유용하지만 개별적 인간이 느끼는 고통을 파악하는 데는 부족하다. 청각이나 시각과 같은 일반적인 감각으로는 환자가 느끼는 다양한 고통, 욕망, 기호(嗜好), 사고를 알 수 없다. 이러한 것은 일반 감각이 아니라 내적인 감각이나 내면의 눈을 통해 접근할 수 있다.[30] 그리고 이러한 내적 관찰을 수행하는 주체를 부이요는 '의식'(conscience)이라고 부른다.

마지막으로 추론에 대해 살펴보자. 부이요의 당대나 전(前)시대에는 의학에 이론적 체계를 도입하는 데 반대한 사람이 적지 않았다. 청진기의 발명자인 라에네크(René Laënnec)도 그러한 태도를 지닌 대표적 사람의 하나였다. 라에네크의 이러한 태도는 18세기 의학이 공허한 체계나 이론 세우기로 흐른 것에 대한 반성과 경계에서 비롯된 바가 컸다. 그러나 부이요는 현상에 대한 설명과 이론화는 인간 이성에 내재한 필연적인 충동이고 따라서 그것은 피할 수 없는 운명이라고 보았다. 물리적 현상이 설명되고 해석되고 이론화되는 것이 당연하다면 생리적, 심리적 현상을 포괄하는 의학적 사실 또한 같은 과정을 거치는 것이 마땅하다.[31] 그렇다면 이런 과정을 통해 최종적으로 제시된 의학적 사실의 확실성을 우리는 어떻게 보장할 수 있는가? 부이요에 따르면 소위 실험과학의 확실

---

30   *Ibid.*, p. 138.
31   *Ibid.*, pp. 160~161.

성에는 두 종류가 있다. 하나는 실험적 확실성으로 그것은 관찰 주
체가 증언하는 감각에 의해 획득되며, 다른 하나는 논리적 확실성
으로 그것은 인간의 지성작용에 의해 획득된다. 결국 의학적 사실
은 관찰과 실험, 그리고 추론을 통해 증명될 수밖에 없다는 것이
의학의 방법에 대한 저자의 결론이었다.[32]

프랑스 의학철학의 실증주의적 전통은 자연과학의 방법을 충
실히 따르는 것이었다. 그러나 실증주의 정신에 충실한 파리 임상
의학파가 의학과 인간에 대한 기계적 견해에 기울어진 것은 아니
었다. 그들은 실증적 정신에 충실했으나 임상이라는 의학의 특수
성을 충분히 인식하고 있었기에 그들의 의학론은 기계적 과학론에
빠져들지 않을 수 있었다. 그와 함께 프랑스 의학의 휴머니즘적 전
통도 실증주의적 의학철학의 전통이 단순한 과학주의에 빠져드는
것을 막았다고 할 수 있을 것이다.

3. 역사적 인식론의 전통

위에서 우리는 의학철학의 생기론적 전통과 실증주의적 전통을 살
펴보았다. 그렇다면 당위와 요청으로서의 생기론적 전통과 이론
과 방법으로서의 실증주의적 전통은 화해할 수 없는 것일까? 그들
은 영원히 평행선을 이룰 수밖에 없는 것일까? 19세기에 제기된 의

---

32 *Ibid.*, pp. 200~202.

학철학 양대 전통의 대립은 20세기에 들어와 해결의 실마리를 발견한다. 그것은 역사라는 매개를 통한 길이었다. 의학의 역사성을 회복하는 것은 19세기 의학철학이 처한 딜레마를 완전히 벗어나게 해 주지는 못했지만 적어도 문제 상황을 다른 방식으로 바라볼 수 있는 시각을 제공해 주었다.

이처럼 역사를 통해 매개된 의학철학의 전통을 우리는 역사적 인식론의 전통이라 명명한다. 이 작업은 대표적으로 조르주 캉길렘에 의해 이루어졌다. 원래 역사적 인식론이란 표현은 캉길렘의 제자인 도미니크 르쿠르(Dominique Lecourt)가 캉길렘의 스승이었던 바슐라르의 과학철학의 성격을 규정하며 붙인 이름이었다. 그런데 르쿠르는 '역사적 인식론'이란 말을 사용하면서 이 표현이 불러일으킬지도 모르는 두 가지 오해에 대해 경계했다. 그가 우려한 첫 번째 오해는 역사 지리학을 지리학의 한 하위 분야로 보는 것처럼 역사적 인식론을 인식론의 여러 분야 중 하나로 받아들이는 것이었다. 두 번째 오해는 '역사적 유물'이란 표현에서 보이는 바와 같이 '역사적'이란 수식어를 '기념할 만한 가치가 있는'이라는 의미로 이해하는 것이다. 이러한 오해를 경계하며 르쿠르는 자신이 말하는 역사적 인식론은 그러한 것들과는 아무런 관계가 없다고 강조한다. 그는 인식론은 본질적으로 역사적이며 과학사는 필연적으로 인식론적이라고 주장한다.[33] 여기에 이르면 인식론과 과학사의 경계는 모호해진다. 적어도 프랑스적 맥락에서는 그러하다. 그리고 인식론이 본질적으로 역사적이란 말은 인식의 대상이 역사적 성격을 갖는다는 말이 아니라 인식론이 과학 지식 생산의 현실적(다른 말로 하면 역사적) 조건을 탐구하기에 가능한 말이다.[34] 인식론의 대상은 과학의 대상과는 다르다. 인식론은 과학이 생산해 낸 담론을 대상으로 하며 그 담론 생산의 조건들을 탐구한다.

그런데 여기서 말하는 담론 생산의 조건은 영미의 과학사가들이나 과학사회학자들이 선호하는, 과학에 미치는 사회적 영향을 말하는 것이 아니다. 흔히 외적 접근법이라고 불리는 이 태도는 과학 지식의 생산에 미치는 사회-경제적 이해관계니 기술성의 필요성, 그리고 정치적 혹은 종교적 이데올로기의 영향을 강조한다. 캉길렘은 이러한 영미의 외적 접근법을 부유한 사회에서 통용되는 약화되거나 빈곤화된 맑스주의의 한 형태일 뿐이라고 비판한다. 다른 한편으로 내적인 접근법 역시 비판을 면치 못한다. 왜냐하면 내적 접근법은 역사를 서술하는 것이 아니라 과학자와 같은 관점에서 그가 택한 가설을 동일하게 취하여 그가 걸어갔던 과정을 그대로 밟아 나가기 때문이다. 캉길렘은 이 양자가 모두 과학의 대상과 과학사의 대상을 혼동하고 있다는 점에서는 동일하다고 비판한다.[35] 과학사의 대상은 과학의 대상과는 아무런 관련이 없다. 그런데 역사적 인식론은 여기서 또 한 차례의 추상 과정을 거친다. 역사적 인식론은 역사적으로 전개된 과학적 담론에서 과학적 진실 생산의 조건과 규범을 추출해 내어 개념적 진보의 과정을 보여 준

33 Dominique Lecourt, *L'Epistémologie Historique de Gaston Bachelard*, Paris, Vrin, 1969, p. 9.

34 *Ibid.*, p. 11.

35 Georges Canguilhem, "L'Objet de l'Histoire des Sciences", *Etudes d'Histoire et de Philosophie des Sciences*, Paris, Vrin, 1989, p. 15.

다.[36] 이 진보는 새로운 개념을 부가하거나 병치시키는 것이 아니라 새로운 개념으로 대치하는 것이다. 그것은 이전의 것들과 단절을 이루며 항상 이전의 것들보다 우월하다는 표지를 그 안에 지니게 된다.[37] 많은 진술들 중 특정한 진술을 과학적 진실로 만들며 그것을 이전의 진술들보다 우월한 것으로 만드는 것은 가치이고 규범이다. 그리고 이 규범은 일회적이라는 의미에서 역사적이다.

규범은 바슐라르와 캉길렘에게 모두 중요한 개념이다. 그런데 그 중요성은 수학이나 물리학을 대상으로 삼았던 바슐라르보다는 생명과학을 대상으로 한 캉길렘에서 더욱 커진다. 규범의 개념은 캉길렘의 역사적 인식론 전체를 규정하는 개념이라고 해도 과언이 아니다. 바슐라르에게 규범은 과학적 지식 생산의 조건으로 한정된다. 그 규범은 앞서 우리가 구별했던 것처럼 과학적 담론에만 적용되며 과학의 대상과는 무관하다. 그러나 캉길렘에서 규범은 과학적 담론 생산의 조건이자 과학적 대상에도 적용되는 규범이다. 캉길렘이 주로 다루는 생명과학과 의학에서 유기체는 그 개체에 고유한 내적인 규범을 갖고 있으며 그 규범에 따라 생존을 유지한다. 그 규범은 각각의 개체에 대해서만 의미를 가지며 모든 개체에 보편적으로 적용되는 규범은 존재하지 않는다. 그 규범은 개체에 대해 의미를 가지고 개체의 죽음과 함께 소멸된다는 점에서 일회적이고 따라서 역사적이다.

36　Georges Canguilhem, "Le Role de l'Epistémologie dans l'Historiographie Scientifique Contemporaine", *Idéologie et Rationalité dans l'Histoire des Sciences de la Vie*, Paris, Vrin, 1988, p. 18.

37　Jean Cavaillès, *Sur la Logique et la Théorie de la Science*, Paris, Vrin, 1997, p. 90.

이처럼 의학의 대상이 가지는 개별성은 의학을 여타 자연과학과 분리시키는 중요한 구별점이다. 자연과학은 보편자를 지향하지만 의학의 궁극적 지향점은 개별자이다. 물리학이나 화학은 말할 것도 없고 생물학의 경우도 궁극적 대상은 종이라는 보편자이다. 설사 생물학이 인간을 문제 삼는다 하더라도 생물학은 '호모 사피엔스'라는 하나의 보편자인 종으로서의 인간을 다루지 개별자로서의 인간을 다루는 것은 아니다.

생물학과 의학 모두 생물학적 존재로서의 인간을 다룸에도 불구하고 왜 의학은 보편자로서의 인간이 아니라 개별자로서의 인간에 집착할 수밖에 없을까? 그것은 인간이 겪는 질병 경험 때문이다. 의학의 특성을 이루는 개별성의 근거는 인간의 질병 경험에서 찾을 수 있다. 보편적인 질병 경험은 존재하지 않는다. 모든 질병 경험은 개별적이고 일회적이며 비가역적이다. 따라서 그것은 역사적이다. 여타 자연과학의 대상과는 달리 의학의 대상은 그 자체로 역사를 가지는 개별자로서의 인간이다. 질병 경험이 본질적으로 역사적 과정임은 이 글의 서론에서 언급한 바와 같이 이미 히포크라테스 시기부터 알려진 사실이다. 부이요가 "의사는 단순히 [현재 있는 것을 그대로 묘사하는] 화가가 아니다. 의사는 역사가이며 따라서 병에 걸리기 이전과 병에 걸린 이후에 환자를 변화시킨 모든 사건과 정황들을 추적해야 한다"[38]고 말했을 때 그는 질병 경험의 역사적 성격을 말하고 있는 것이다.

캉길렘의 역사적 인식론은 바로 이 질병 경험이 의학에서 가지는 본질적 의미에 초점을 맞추고 있다. 그는 19세기 의학철학에서 제기되었던 생기론적 입장과 실증주의적 입장 사이의 대립을 유기체의 질병 경험이라는 관점에서 새롭게 조명하였다.[39] 좀 더 구체적으로, 그렇지만 좀 더 조심스럽게 말한다면 그는 개별자의 질병 경험을 통해, 그리고 내재적 규범의 역사성을 말함으로써 생기론적 전통을 부활시키려 한다. 다음과 같은 그의 말을 들어 보자.

> 고유의 방법과 대상을 지닌 객관적인 과학은 내일의 관점에서는 주관적이다. 왜냐하면 과학이 완성된 것으로 생각하지 않는다면 오늘의 많은 진리가 지난날의 오류가 될 것이기 때문이다. 베르나르는 기능적 조절이라는 병리학의 형태로, 피르호는 세포병리학의 형태로 객관적 병리학을 확립할 야심을 가졌을 때, 그들은 병리학을 자연과학에 편입시키고 결정론의 법칙 위에 병리학을 정초하려고 시도했다. 우리는 이러한 주장을 검토하고자 한다.[40]

캉길렘은 생기론자들과는 달리 실증주의자들에게 양보하여 객관적 생리학은 가능하다고 말할 수 있었을지 모른다.[41] 그러나 객관적 병리학은 존재하지 않는다는 것이 캉길렘의 분명한 입장이

---

38 Bouillaud, *Essai sur la Philosophie Médicale et sur les Généralités de la Clinique Médicale*, p. 143.
39 Georges Canguilhem, *Le Normal et le Pathologique*, Paris, P.U.F., 1988; 여인석 옮김, 『정상적인 것과 병리적인 것』, 그린비, 2018.
40 *Ibid.*, pp. 142~143; 『정상적인 것과 병리적인 것』, 241쪽.
41 사실 생기론자들의 주장은 주로 생리학에 한정되어 있다. 그들은 나름대로 정교한 생리학을 발전시켰다. 그러나 그들은 결코 그에 상응하는 생기론적 병리학을 발전시키지는 못했다.

었다. "객관적 병리학은 존재하지 않는다. 우리는 객관적으로 어떠한 구조나 행동들을 서술할 수는 있지만, 어떠한 순수한 객관적인 기준에 대한 확신 위에서 그것이 병리적이라고 말할 수는 없다."[42] 캉길렘이 체계적인 의학철학을 구상하고 시도한 것은 아니었다. 그러나 그는 객관적인 방식으로 확립시킨 병리학이 개별자의 질병 체험에서는 무력해질 수 있음을 유기체의 내적 규범이라는 개념을 통해 논증함으로써 의학철학의 새로운 영역을 개척했다.

결어

우리는 위에서 프랑스 의학철학의 전통을 생기론적 전통, 실증주의적 전통, 그리고 역사적 인식론의 전통으로 나누어 살펴보고, 이러한 전통의 비판적 계승자로서 조르주 캉길렘의 사상을 살펴보았다. 물론 이런 분류는 다소 자의적인 것이어서 과연 이것이 프랑스 의학철학의 특징을 얼마나 잘 나타내었는지에 대해 자신할 수는 없지만 프랑스 의학철학을 바라보는 하나의 잠정적 틀로서의 가치는 있으리라 생각한다. 또 전체적인 흐름 속에 캉길렘을 위치시키다 보니 정작 그의 사상에 대해서는 자세히 다루지 못한 점도 아쉽다. 또한 캉길렘의 뒤를 이어 독창적인 의학철학을 전개한 다고네(François Dagognet)를 비롯하여 다른 의학철학자들의 사상은 추후에

42 『정상적인 것과 병리적인 것』, 258쪽.

논의할 기회가 있기를 기대한다. 이러한 논의들은 프랑스적 특수성과 함께 의학이 가진 보편적인 측면의 문제를 함께 다루고 있다. 그런 의미에서 이 글에서 개괄적으로 다룬 프랑스 의학철학의 전통에 대한 논의가 의학에 대한 우리의 철학적 논의를 풍부하게 하는 데 참고가 될 수 있기를 희망한다.

마지막으로 주의 깊게 살펴보아야 할 것은 프랑스 의학철학의 전통은 당대의 의학 전통에 대한 성찰에 뿌리를 두고 있다는 사실이다. 앞에서 논의한 생기론적 전통과 실증주의적 전통은 19세기 프랑스 의학의 중요한 두 흐름인 몽펠리에 학파의 의학과 파리 임상의학파의 의학이 없었으면 태어날 수 없었다. 캉길렘도 그의 생애 말년까지 분자생물학과 면역학과 같이 20세기 후반 새롭게 발달하는 의학적 내용을 그의 철학적 사유에 통합하려는 노력을 게을리하지 않았다. 우리가 현대의학의 흐름에 대한 관심의 끈을 놓을 수 없는 이유도 여기에 있다.

서문

잘못을 범하는 것은 인간적이지만 잘못을 고집하는 것은 악마적
이다. 내가 한 권으로 묶어 새로 출판하기로 결심한 몇 편의 논문
들에 어느 정도의 오류가 포함되어 있는가를 말하는 것은 이제 나
의 몫이 아니다. 나의 오류를 공개적으로 시인하고 새롭게 대두되
는 강력한 인식론적 관점에 충성을 서약하기에는, 또 40여 년 전 다
소간의 위험을 무릅쓰고라도 내 방식으로 주장하기 위해 수정하고
재검토하며 새롭게 방향을 설정해 가며 내가 차용했던 몇 개의 방
법론적 공리들을 부정하기에는 나는 너무 늙었다.

　미셸 푸코(Michel Foucault)와 루이 알튀세르(Louis Althusser)의 작
업의 영향을 받아 1967~1968년부터 내 강의나 논문, 그리고 강연에
서 과학적 이데올로기라는 개념을 도입한 것은 이 개념이 과학사
의 의무론에 기여한 독창적 공헌에 대한 단순한 관심이나 동의의
표시는 아니었다. 그것은 내가 그 강의를 들을 수 없었기 때문에
책을 읽은 한 대가의 가르침을 새롭게 하는 한 가지 방식이었다.
비록 그 가르침을 자기 나름대로 받아들이긴 했지만 나의 젊은 동

료들은 그 대가, 즉 가스통 바슐라르(Gaston Bachelard)의 가르침에서 영감을 받았고 그를 통해 자신들의 입장을 확립할 수 있었다.

따라서 먼저 출판된 『과학의 역사와 철학에 대한 연구』(*Études d'histoire et de philosophie des sciences*)를 읽은 사람들이 이 책에서 변화와 발전의 징표를 발견했을 것이라고는 생각하지 않는다. 과학과 이념(혹은 과학과 문학)의 분할과 중첩을 대신하게 될 역사의 배태과정에 대한 나의 무관심이 나를 화석화된 개념에만 관심을 가지는 사람으로 평가하게 만든다 하더라도 나는 그러한 평가에 개의치 않는다. 자신이 연구하는 작은 영역에서 나타나는 역사의 불연속성을 인정하게 될 때 사람들은 이 역사와 저 역사 사이에 존재하는 불연속성을 부인하기 힘들 것이다. 모든 영역의 역사는 각자의 불연속성을 가진다. 모든 분야의 역사에는 지구의 공전을 주장하는 학자[갈릴레이와 같이 혁명적인 이론을 제시하는 학자]가 있게 마련이다.

타인의 물음에 대답하기보다 나는 바로 나 자신이 제기한 물음에 대답할 수 있었으면 좋겠다. 『지식의 고고학』(*L'Archéologie du savoir*)의 저자는 지식의 역사에서 지식이 변형되는 몇 개의 문턱을 다음과 같이 구별한다. 실증성의 문턱, 인식론화의 문턱, 과학성의 문턱, 형식화의 문턱 등(pp. 243~247). 이 책에서 이루어진 과학적 이데올로기에 대한 분석은 내게 무척 유용했다. 나는 이 책에 실린 글에서 미셸 푸코가 바라게 될 것처럼 내가 그 역사를 서술한 분야들이 넘어선 서로 다른 문턱들을 잘 구별했다고 자신할 수는 없다. 하여튼 일부 유전학자들의 주장을 논외로 하고 이들 학문들 중 어느 것도 형식화의 문턱을 넘어서지 못한 것으로 내게 보인다.[1] 그러나 푸코(p. 245)와는 달리 나는 베르나르의 실험의학과 파스퇴르의 미생물학이 임상의학의 과학성에 기여하는 데 부족한 정도가 같았다고는 생각하지 않는다. 내가 변형의 문턱들을 분명하게 구별하지 않았다는 비난에 대해 나는 기꺼이 동의한다. 그러나 19세기의 의학과 생물학은, 예컨대 같은 시기의 화학보다 그 진보의 조건들을 인식론적으로 분석하기에는 적합하지 않다. 그렇지만 인식론적 정당화가 실증성 자체보다 더욱 앞서거나 강력했던 역사적 사례를 철학적 성향이 강했던 클로드 베르나르의 생리학적 의학이 제공해 준다고 주장할 수 있지 않을까? 반면 화학자로 의사가 아니었던 파스퇴르는 무엇보다도 연구의 실증성에 집착하였으며 인식론적으로 정합성을 갖추는 데에는 크게 신경 쓰지 않았다.[2]

나의 분석이 충분히 자세하지 못하거나 엄밀하지 못할 수도 있다. 그것이 신중함 때문인지 게으름 때문인지, 아니면 무능력 때문인지는 생각해 볼 문제이다.

1977년 6월

조르주 캉길렘

---

1   J. H. Woodger, *Axiomatic Method in Biology*, Cambridge, 1937; "Formalization in Biology", *Logique et Analyse*, nouvelle série, num. I, août 1958을 참조하라.

2   F. Dagognet, *Méthodes et doctrine dans l'oeuvre de Pasteur*, P.U.F., 1967, 결론 참조.

서론

현대의 과학사 서술에서 인식론의 역할

인식론과 과학사의 관계를 검토하고자 하는 사람들에게는 다음과 같은 최초의 확인사항이 부과되는데 이것은 문제의 정확한 입장을 이해하는 데 도움이 된다. 우리는 현재 이 문제에 대해 사례보다는 선언서나 강령을 더 많이 보유하고 있다. 의도들에 견주어 볼 때 실현된 결과는 보잘것없다.

    그 자신의 역사를 가진 영역인 과학사에 비해 볼 때 인식론은 언뜻 보기에 모호한 입장에 처해 있다. 연대상으로 볼 때 1854년에야 인식론(épistémologie)으로 명명된 철학의 이 영역에 대해 과학사가 빚진 것은 아무것도 없다.[1] 몽튀클라(Jean-Étienne Montucla)의 『수학의 역사』(Histoire des Mathématiques, 1758), 바이(Jean Sylvain Bailly)가 쓴 『천문학의 역사』(Histoire de l'Astronomie, 1775~1782), 쿠르트 슈프렝겔(Kurt Sprengel)의 『약물학의 실용적 역사에 대한 탐구』(Versuch

---

1   J. F. Ferrier, *Institutes of Metaphysics*. 인식론(epistemology)은 존재론(ontology)에 대립되는 개념으로 만들어졌다.

einer pragmatischen Geschichte der Arzneikunde, 1792~1803) 등은 비판적이거나 규범적인 개념 체계를 전혀 참고하지 않고 이루어진 작업이다. 물론 이 모든 책들은 저자들이 그에 대한 의식적인 반성이 없었다 하더라도 그 시대의 의식에서 나온 것이다. 이 시대의 의식은 인간 정신이 무한하며 완전하다는 학설에서 보편적으로 정식화되며, 앞으로 이루어질 과학적 진보는 연속성이라는 관점에서만 예견할 수 있다고 주장하기 위해 코페르니쿠스, 갈릴레이, 데카르트, 하비, 뉴턴, 라이프니츠, 라부아지에 등에 의해 수행된 우주론, 수학, 생리학에서의 혁명이 연달아 계속적으로 일어났다는 사실을 근거로 삼는다. 슈프렝겔이 『의학의 역사』(*Histoire de la médecine*) 서론에서 1792년이라는 해 때문에[칸트의 『순수이성비판』은 1781년에 출판되었으며, 1790년경에는 칸트의 저서들이 귀부인들의 안방에까지 스며들었고 이발사들도 그의 용어를 사용한다는 기록이 있을 정도로 당시 칸트의 철학은 유행처럼 번져 나갔다] 명백히 (칸트의) 비판철학을 암시한 것은 고대의 의학에 독단론, 경험론, 회의론[갈레노스가 활동하던 2~3세기경 로마와 그리스 문화권에 존재하던 의학의 학파들]이 있던 것과 마찬가지로 일부 의사들이 젖어 있던 학설을 암시하는 것이 지식 형성 방법의 타당성을 판단하는 새롭고 효과적인 도구를 암시하는 것은 아니다. 따라서 오늘날 인식론자들이 과학사를 서술할 때 서법이나 작문의 규칙처럼 적용하려고 노력하는 개념들을 18세기와 19세기의 과학사가들이 사용하지 않았다고 비난하는 것은 완전히 무의미한 일이다.

그런데 인식론이 자신들의 분야에 보내는 시선을 달갑게 여기지 않는 일부 과학사가는 인식론이 과학사로부터 자양분을 공급받지만, 인식론은 자신이 과학사로부터 받은 것 이상을 과학사에게 돌려주거나, 자신이 사실상 유래된 분야[즉 과학사]를 이론적으로 개혁한다는 주장은 근거 없다고 주장한다. 이런 신랄한 비판은 어떤 분야에는 그에 상응하는 정신의 능력이 존재한다는 고대의 생각과 무관하지 않다. 이런 주장에 따르면 역사는 기억에 종속된다. 그러나 우리는 어느 쪽이 더 엄청난 야망을 품고 있는가를 자문해야 한다. 어떤 판단을 주장하는 것보다 어떤 기억을 주장하는 것이 더욱 야심적이지 않은가? 판단의 실수는 일어날 가능성이 있는 사고이지만 기억은 변질을 본질로 한다. 과학사에서 복원에 대해 이야기할 때 우리는 역사의 다른 영역(정치, 외교, 군사 등)에서 복원에 대해 이미 말해진 내용들을 되풀이해야 한다. 즉 레오폴트 폰 랑케(Leopold von Ranke)가 요구한 것과는 달리 역사가는 과거에 실제로 그러했던 것처럼 사실을 제시할 수 있다는 환상을 품어서는 안 된다.

사람들은 자주 데이크스터하위스의 말에 대해 주석을 달았는데, 그에 의하면 과학사는 단순히 과학에 대한 기억이 아니라 인식론의 '실험실'이다.[2] 가공(élaboration)은 복원이 아니라는 사실로부터, 받은 것 이상을 되돌려주려는 인식론의 주장(야망)이 합당하다는 결론을 내릴 수 있을 것이다. 인식론은 축을 과학사로부터 역

---

2   "과학의 역사는 단순히 과학에 대한 기억만을 이루는 것이 아니라 과학의 인식론적 실험실을 이룬다." Eduard Jan Dijksterhuis, "The Origins of Classical Mechanics", ed. Marshall Clagett, *Critical Problems in the History of Science*, 1959; 2eéd. Madison, 1962.

사적 관점에서 본 과학으로 이동시킨다. 연구의 대상을 기원, 발명이나 영향, 선행성, 동시성이나 계승의 문제로만 취하는 것은 결국 과학을 문화의 다른 측면들과 구별하지 않는 것이다. 모든 인식론적 오염으로부터 자유로운 과학사는 특정한 시기의 어떠한 과학(예컨대 18세기의 식물생리학)을 일련의 문제와 그 해결에 관한 서로 다른 설명 체계 사이의 연대기적이고 논리적인 관계에 대한 진술로 환원시킨다. 그렇게 되면 각 역사가의 능력은 그가 얼마나 박식한가에 따라, 그리고 과학자들 사이의 관계, 유사성과 차이를 얼마나 섬세하게 분석하느냐에 따라 측정될 것이다. 그러나 이런 다양한 역사적 작업에도 불구하고 역사가와 그들이 말하는 역사의 관계는 동일하다. 18세기 식물학의 순수한 역사는 식물학이라는 명칭하에 당시의 식물학자들이 그들의 탐구 영역으로 할당받은 것 이상을 결코 포함할 수 없다. 순수한 역사는 그 역사가 연구하는 과학을 당시의 과학자들이 생각하던 탐구의 영역으로, 당시의 과학자들이 이 영역을 바라보는 것과 같은 종류의 시선으로 환원시킨다. 그러나 이 과거의 과학이 오늘날의 그 과학의 과거인가? 이것이 첫 번째로, 그리고 아마도 가장 근본적으로 제기되는 문제이다. 위에서 언급한 예(18세기 식물학)에 대해서 이 문제를 정확하게 제기해 보자.

일반적으로 어떤 **과학의 과거**라는 개념은 통속적인 개념이다. 과거는 과거를 향한 질문들이 모여 있는 헛간이다. 지구의 모양, 인간의 인간화, 사회적 분업, 어떤 사람의 알콜성 환각증 등 현존하는 것들의 선구(anécédent)를 연장된 형태이건 축약된 형태이건 현재의 방법과 필요성에 따라 탐구하는 것은 과거를 실행의 조건으로 명명하며 그것을 미리 무한한 능력의 총체로서 받아들이는 것이다. 이러한 의미에서 본다면 현대 식물생리학의 과거는 소위 식물학자, 의사, 화학자, 원예가, 농학자, 경제학자라는 사람들이 쓸 수 있었던 모든 것, 다시 말해 때로는 약초로, 때로는 초목으로, 때로는 식물로 명명된 대상들의 구조와 기능의 관계에 대해 추정하고 관찰하고 실험한 내용을 포함한다. 과학아카데미 300주년을 맞아 뤼시앵 플랑트폴(Lucien Plantefol)이 작성한 프랑스 식물학자들의 연구 목록을 참고해 보면 연대상으로나 정치적으로 분리된 한정된 시기에 있어서도 이처럼 풍부한 관념을 얻을 수 있다.[3] 그러나 사람들이 그러한 목록을 작성하기 이전의 연구 목록도 식물학 그 자체가 무엇보다도 하나의 역사라는 의미에서, 다시 말해서 식물에 대한 질서정연한 기술이라는 의미에서 식물학의 역사이다. 이렇게 어떤 과학의 역사는 전문도서관의 책을 몽땅 읽고 만든 요약문이자 점토판과 파피루스로부터 양피지와 활판을 거쳐 자기테이프의 시대에 이르기까지 그동안 생산되고 주장된 지식의 창고이자 저장고가 된다. 비록 그것이 이상적인 도서관이라 하더라도, 그것은 정의상 흔적들의 총합을 이상적으로 모아 놓은 것일 뿐이다. 거기서 전체 과거는 사람들이 그 위에서 현재의 관심에 따라 진보의 출발점을 이동시킬 수 있는 일종의 주어진 연속된 평면으로 나타나며,

---

3   Institut de France, Académie des Sciences. *Troisième Centenaire, 1666~1966*, II, *Histoire de la Botanique*, par Lucien Plantefol, Paris, Gauthier-Villars, 1967.

진보의 결말이 바로 이 관심의 현재적 목표가 된다. 과학사가들을 구별 짓는 것은 이 평면 위에서 이동할 때 경솔하게 하는지, 주의 깊게 하는지 하는 것뿐이다. 이론적으로 과학사가 인식론으로부터 기대하는 것은 이 총체적인 과거라는 가상의 평면 위에서 시대를 거슬러 이동하는 자유에 따르는 의무이다. 그것은 한편으로 수잔 바슐라르(Suzanne Bachelard)가 『인식론과 과학사』(*Épistémologie et Histoire des Sciences*)에서 한 엄밀한 논증의 결론인데 이 글은 유감스럽게도 학회의 발표자료집에만 실려 있다.[4] "역사가의 활동은 과거를 거슬러 올라가야 한다는 사실 때문에 제한을 받지만 바로 그 사실이 역사가에게 권력을 부여한다. 역사가는 이상적인(idéal) 시공에 연구의 대상을 세운다. 이 시공이 상상의(imaginaire) 시공이 되지 않게 하는 것은 역사가에게 달려 있다."

다시 우리의 예로 되돌아와 보면, 식물생리학을 탐구하고자 노력한 18세기의 식물학자들은 당시에 존재하던 동물생리학에서 모델을 찾았고, 그 때문에 식물학자들은 스티븐 헤일스(Stephen Hales)와 같은 생리학자-물리학자나, 장 즈느비에(Jean Senebier)와 얀 잉엔하우스(Jan Ingenhousz) 같은 생리학자-화학자로 나누어지게 되었다. 그러나 현대의 식물생리학은 화학적 분석 방법이나 물리학의 기술을 이용하므로, 어떤 계획의 연속성이 연구 대상의 근본적인 불연속성과, 생화학과 생물물리학이라 명명된 분야의 근본적

---

4   XIIe Congrès international d'histoire des sciences, Paris, 1968; *Colloques, textes des rapports*, Paris, Albin Michel, 1968, pp. 39~51.

인 새로움을 은폐하는 역사를 쓰는 것은 적어도 경솔한 일이 될 것이다. 산화의 화학과 효소에 의한 산화의 생화학 사이에서 식물생리학은 무엇보다도 세포생리학이 되어야 했고(유기체에 대한 세포 이론이 어떠한 저항에 직면했는지 우리는 잘 알고 있다), 다음으로 대사과정에 대한 분자 수준의 연구에 도달하기 위해 세포와 원형질이라는 일차적인 개념으로부터 벗어나야 했다. 마르셀 플로르킨은 『생화학의 역사』[5]라는 훌륭한 책에서 바슐라르의 '인식론적 단절' 개념을 취하여 효소생리학이 식물의 영양에 대한 원형질 이론을 대체한 것은 에두아르트 뷔히너(Eduard Büchner)가 비세포성발효 현상(1897)을 발견한 이론적 영향 때문이었다는 사실을 보여 준다. 파스퇴르주의자들은 비세포성발효 이론을 이해하지 못했고 오랫동안 거부했다.[6]

따라서 우리는 왜 어떤 현대과학의 과거가 그 과학과는 다른 것인지를 이해한다. 효소분자 구성에 필수적인 금속의 존재와 '조효소'(coenzyme)[7]라고 명명한 것의 역할에 대한 가브리엘 베르트랑(Gabriel Bertrand)의 업적(1897)을 이해하는 데 필요한 일련의 연구와 실험과 개념화 과정을 복원하기 위해 테오도르 드 소쉬르(Théodore

---

5   Marcel Florkin, *A History of Biochemistry*, part I and II, Amsterdam-London-New York, 1972; part III("History of the identification of the Sources of Free Energy in Organisms"), 1975. cf. Introduction, *The Emergence of Biochemistry*, pp. 1~20.

6   *Op. cit.*, part III, p. 29; "콜러(Robert E. Kohler, "The Reception of Eduard Buchner's Discovery of Cell-Free Fermentation", *Journal of the History of Biology*, 5, 1972, p. 327)는 당시의 과학자 집단이 뷔히너의 발견을 수용한 사실을 분석하였다. 그는 지성적인 측면만이 아니라 사회적인 측면까지도 고려하였다. […] 콜러가 지적하듯이 뷔히너가 가져다준 것은 한 가지 사실이나 이론이 아니었다. 그것은 새로운 개념 체계의 토대였다."

7   *Ibid.*, pp. 191~193.

de Saussure, 1765~1845)까지 거슬러 올라갈 필요는 없다. 반면 소쉬르와 동시대인이었던 브리소 드 미르벨(Charles-François Brisseau de Mirbel, 1776~1854)과 식물학에서 세포설의 기원에까지 거슬러 올라가는 것은 흥미 있는 일인데 그것은 이들이 효소생화학의 초기에 연구 대상을 세포 아래 수준에 위치시켜 얻은 풍부한 발견을 이해하는 데 도움을 주기 때문이다. 이처럼 역사의 실행 공간에서 같은 자리에 위치한 이론적 사건들이 의미가 있을 수도 있고 없을 수도 있다. 의미가 있고 없음은 담론 진행의 일시적인 귀결점이 출발점과 개념적으로 동질적인 관계인가 아닌가에 달려 있다. 각 담론의 진행은 고유한 특징을 지닌다.

그렇다면 인식론자들이 목표로 하는 바는 당연히 과학자들에 의해서만 도달될 수 있는 것이 아니겠냐고 과학사가들은 말할 것이다. 미래의 발전 방향에 대한 직관에 의거해 어떤 도달점이 과학적으로 흥미 있으며 역사적으로 재구성할 가치가 있는가를 알려 줄 능력이 있는 사람은 과학자 이외에 누구이겠는가? 제3자에 대한 호소는 인식론자를 놀라게 하거나 불편하게 할 수 없다. 현재 이루어지고 있는 과학연구의 힘든 짐을 벗고 이제는 변화될 수 없는 과거의 역사를 서술하는 과학자가 과거나 현재에 있다면, 철학으로부터 빌린 인식론적 개념의 도움을 받아 바로 그 과학의 발전에 적극적으로 개입할 수 있는 비판적 역사를 쓸 수 있었던 과학자도 있었다. 에른스트 마흐(Ernst Mach)의 저작 『역학의 발전』(Die Mechanik in ihrer Entwickelung, 1883)은 유명한 예이다. 이 책이 아인슈타인의 연구에 미친 영향은 잘 알려져 있다. 토늘라는 자신의 책

『상대성 원리의 역사』[8]에서 마흐의 책을 역사-인식론적 연구의 대상으로 다루고 있다. 모든 인식론자는 특정 방식의 역사 서술을 거부하는 선언을 권두에 하게 마련이다.

> 일부 전문가들을 실망시킬 위험을 무릅쓰고 우리는 진정하고 완전하게 할 수 없는 상대성은 존재하지 않는다고 주장하고자 한다. 우리는 과학이론의 최초 발전에서 그 모습을 그려 보려고 한다. 불완전하지만 장래성 있는 어떠한 초안도 무지와 편견의 베일 아래서 승인을 기다리지는 않는다. 바로 이러한 생각이 반상대론적이다. … 수명이 다해 가는 아리스토텔레스주의의 혼란 중에 태어나, 포착할 수 없는 에테르에 결부된 모순에 의해 새롭게 된 **상대성의 관념은 그것에 선행하는 관념보다는 오히려 그것에 뒤따르는 관념과 연결되어 있는 것처럼 보인다.**[9] 이 혁신적인 관점은 자신의 고유한 길을 밝히고, 거시적으로는 그 우여곡절을 규정하고 그것을 심화시키기까지 하였다.[10]

우리는 과학자가 서술한 인식론적 역사[11]의 존재와 가치를 인정한다. 그리고 이와 유사한 관계가 과학자와 역사 사이에 형성될 수 있으며, 그로부터 역사가 큰 이익을 얻는다는 이유로 인식론자가 과학사에 대해 갖는 특별한 유형의 관계를 포기할 필요는 없다.

---

8   Marie-Antoinette Tonnelat, *Histoire du principe de relativité*, Paris, Flammarion, 1971.
9   강조 표시는 인용자가 함.
10   *Op. cit.*, p. 13.
11   예를 들어 노벨상을 받은 프랑수아 자코브(François Jacob)의 책 『생명의 논리』(*La logique du vivant, une histoire de l'hérédité*, Paris, Gallimard, 1970).

인식론자는 제3자로 남아 있어야 한다. 그것은 역사에 대한 그의 관계가 과학자의 경우와 일견 같아 보이지만 동기는 근본적으로 다르기 때문이다.

아주 최근에 나온 책『고요한 철학 혹은 과학철학 비판』[12]에서 드상티는 먼저 과학과 철학의 관계는 사실상 단절되어 있다는 것을 인정한 다음, 철학자(인식론자)가 과학자에게 지식 생산의 방식에 대해 던진 질문들이 타당한가를 묻고 있다. 철학의 담론은 지식을 생산하는 담론이 아니기 때문에 철학자는 지식의 생산 조건에 대해 왈가왈부할 자격이 없는 것일까?

자기 자신이 과학 지식을 생산하는 경우가 아니고는 과학에 대해 아무 말도 하지 않기로 해야 하는가? 천만의 말씀이다. 과학적 작업의 내재적이고 재현적인 담론을 무효로 만드는 비판 작업이 과학적 진술의 내용 안에 자리 잡을 필요가 있는 것은 사실이다. 이러한 '자리 잡기'는 실천이 될 수밖에 없다. 이것이 바로 바슐라르의 가르침의 적지 않은 부분을 차지하는 내용이다. 어떤 과학에 대해 침묵을 지키든가, 아니면 그 과학을 실제로 행하면서 거기에 대해 내부로부터 말하는 것 말이다. [13]

그렇다. 여기에는 실행의 문제가 있다. 만약 여기서 말하는 실

---

12 Jean-Toussaint Desanti, *La Philosophie silencieuse ou critique des philosophies de la science*, Paris, Éditions du Seuil, 1975.

13 *Ibid.*, p. 108.

행이 데카르트가 수학의 난제들을 해결하는 데 자신의 방법을 실행했다고 말한 것과 같은 의미라면,[14] 이러한 종류의 생산적 실행은 철학자의 한계를 넘어서는 것으로 보일 수 있다. 그렇게 하는 철학자가 있다면 그는 과학 지식 생산의 최전방에 있게 될 것이다. 인식론자가 어떤 과학을 실행한다는 것은 지식을 생산하는 동작들을 재구성함으로써 과학자의 실행을 **모방하는** 것이 된다. 인식론자는 지식의 생산자가 자신의 행동을 설명한 원래의 텍스트를 면밀히 검토함으로써 그러한 작업을 수행한다.[15]

연구자는 자신의 이론을 전개하는 과정에서 가장 최근에 이루어진 같은 종류의 연구들을 모른 척할 수는 없으며 거기에 관심을 가지게 된다. 모든 선구자에게는 바로 직전의 선구자가 있으므로 그 과학에 대한 역사적인 관심은 비록 그것이 과학자들 사이에 널리 퍼진 것이 아니라 하더라도 과학자들에게는 자연스러운 것으로 인정된다. 그러나 이러한 관심은 과학적 발견 과정의 일부를 이루므로 너무 먼 과거의 선구자들로 확장될 수는 없다. 여기서 말하는 거리감은 시간적인 것이기보다는 개념적인 것이다. 19세기의 어떤 수학자가 데카르트보다는 아르키메데스에게 더욱 흥미를 느낄 수

---

14 René Descartes, *Discours de la Méthode*, 3e partie.
15 Desanti, *Op. cit.*, p. 17 참조. "우리는 칸트가 직접 수학과 물리학을 연구했다는 사실을 안다. 그러나 그는 뉴턴, 달랑베르, 오일러, 라그랑주, 라플라스처럼 그 학문을 연구한 학자들과 같은 것은 아니다. 과학 업적에 대한 그의 관계는 라이프니츠와 같은 학자가 수학과 논리학에 대해 가졌던 내적인 관계는 아니다." 『클로드 베르나르의 실험적 추론과 독물학적 연구』(*Raisonnement expérimental et recherches toxicologiques chez Claude Bernard*)라는 책에서 그르멕(Mirko Dražen Grmek)은 실험실 노트와 과학자가 실험의 진행 과정을 사후에 합리화하려고 애쓴 흔적이 보이는 노트를 대조해 보면 어떤 비판적인 입장을 취할 수 있는가를 잘 보여 주었다.

도 있다. 특히 시간이 한정되어 있기 때문에 과학자가 이론의 발전과 과거에 대한 탐구에 동일한 중요성을 부여할 수는 없다.

과학자의 역사적 관심과는 달리 인식론자에게 역사적 관심은 전부는 아니더라도 적어도 우위를 점한다. 그것은 직업적인 관심이며 보충적인 관심은 아니다. 왜냐하면 과학사가 자신이 진실임을 주장하는 다소간 체계화된 진술들의 연속으로 드러난 이상, 그의 문제는 과하사로부터 현재로서는 다만 인상적으로만 느낄 수 있는 잠재된 질서정연한 도정을 추출해 내는 것이기 때문이다. 현재의 과학적 진실은 잠정적인 결론일 뿐이다. 역사적 관심은 인식론자에게 주된 것이며 보조적인 것이 아니기 때문에 그들의 관심은 과학자들의 관심보다 훨씬 자유롭다. 인식론자는 첨단 지식의 보유와 분석적 방법의 사용이라는 면에서 과학자들보다 상대적으로 뒤지지만 인식론자들이 가진 개방성이 이러한 부족한 점을 보충해 준다. 예를 들어 개빈 경(Sir Gavin de Beer)은[16] 『종의 변이에 대한 노트』(1960~1967)를 저술하면서 관심을 갖고 다윈을 다시 읽게 되었다. 그의 역사적 관심은 발생학자로서 그가 수행한 연구에서 비롯되었으며, 그로 인해 그는 개체발생과 계통발생의 관계에 대한 다윈 이전과 이후의 견해를 새롭게 볼 수 있었다. 그러나 다윈이 당시까지 관찰된 내용들 전체를 합리적으로 통합하여 정리할 수 있는 개념을 만들 수 있었던 것은 맬서스(Thomas Robert Malthus)를 읽은 덕분이라는, 1세기 이전부터 여러 차례에 걸쳐 되풀이되어

16　Gavin De Beer, *Charles Darwin, Evolution by Natural Selection*, London, 1963.

온 주장에 이의를 제기하기 위해서 리모주(Camille Limoges)[17]가 『자연선택』(*La Sélection Naturelle*)이라는 자신의 저서에서 개빈 경이 출판하고 주석을 가한 다윈의 미간행 원고를 이용한 것은 전혀 다른 시각에서이다. 리모주는 일반적인 역사기술에서 통속적으로 쓰이는 **영향**(influence)이라는 개념의 사용에 대해 이의를 제기한다. 그는 다윈의 예를 통하여 저자가 자신의 주장을 설명해야 한다고 주장하는 텍스트에 특별한 우선권을 부여하지 않고도 텍스트에 질문을 제기하는 방식을 보여 주고자 한다. 자연선택이라는 새로운 개념과 자연경제(economie naturel)라는 이전의 개념 사이의 논쟁적 관계를 설정함으로써 리모주는 과거의 자연사와 새로운 자연사 사이의 단절을 보여 줄 수 있었다. 그 단절은 관찰되는 적응 개념의 수준에서 일어나는데 이것은 현재 우연적이라는 의미로 받아들여진다.[18]

과학사에서 인식론적 관심은 새로운 것이 아니다. 우리는 조금 전에 그것은 직업적인(vocation) 문제라고 말했다. 자세히 살펴본다면 인식론이란 항상 역사적인 작업일 뿐이었다. 존재론이 새로운 우주 체계에 의해 채택된 새로운 준거점들을 설명할 수 없게 되자, 인식론은 그러한 존재론에 뿌리내리기를 그치고 바로 그 앞의

---

17 몬트리올 대학의 과학사와과학사회학연구소 소장.
18 파스퇴르(Louis Pasteur)의 업적에 대한 연구로 이와 유사하게 비교되는 것은 르네 뒤보스(René Dubos)의 *Louis Pasteur, Free Lance of Science*(London, 1951)와 프랑수아 다고네(François Dagognet)의 *Méthodes et doctirne dans l'oevre de Pasteur*(Paris, P.U.F., 1967)이다. 과학사 방법론의 관점에서 이 두 연구를 비판적으로 비교한 논문으로는 Nils Roll-Hansen, "Louis Pasteur—A case against reductionist historiography"(*The British Journal for the Philosophy of Science*, 23, 1972, pp. 347~361)가 있다.

행위 안에서 자신들의 존재 이유가 아니라 발견의 방법을 찾아야
했다. 칸트는 『순수이성비판』 재판 서문(1787)에서의 인식 내용과
인식 행위의 관계를 전복시키려는 자신의 계획을 정당화시키기 위
해 과학사, 즉 수학과 물리학의 역사를 몇 줄로 요약하여 원용하였
다. 이 재판 서문에 대한 주석에서 사람들은 전통적으로 코페르니
쿠스적 전환(사실은 사이비 전환이다)은 강조하면서도, 칸트가 사유
기술(Denkart)의 혁명이라고 명명한 것들의 추동력을 규정하는 용
어들의 혁신적인 의미는 무시하고 있는데 이는 잘못이다. 수학은
처음 탈레스나 다른 학자들처럼 대상을 증명을 통하여 만들어 내
어야(hervorbringen) 하고, 물리학은 갈릴레이나 토리첼리처럼 머릿
속 이성의 전개, 다시 말해서 창의력의 효과로서 실험의 대상을 만
들어 내어야 한다. 만약 칸트가 당시 과학의 성과들로부터 지식 생
산의 제한과 규칙의 표를 추상해 낼 수 있다고 생각했다면, 바로
그것이 당시의 문화적인 현실이다. 우리가 과학의 역사를 계몽의
진보라는 범주 아래에서 생각한다면, 과학적 사유 범주들의 역사
가 가능한가를 보기는 어려운 일이다.

　　우리가 인식론의 전개를 과학사 연구와 긴밀히 연관시키는
데 있어 가스통 바슐라르의 가르침으로부터 영감을 받는다는 것
은 말할 나위 없는 사실이다.[19] 이 인식론의 기본적 개념들은 이제
널리 알려졌고, 특히 외국에서는 통속화가 되어 사람들이 진부해
진 형태로 이 개념들에 주석을 가하거나 논쟁을 벌여 원래의 논쟁

19　*Scienziati e tecnologi contemporanei*, I, pp. 65~67에 실린 글 "Gaston Bachelard"를 참조하라.

적인 힘이 상실되었다. 이 개념들은 새로운 과학의 정신, 인식론적 장애물, 인식론적 단절, 기한이 지난 혹은 인정된 과학의 역사라는 개념들이다. 바슐라르의 인식론 저작은 그 자체의 번역보다도 그에 대한 비판적 주석서(특히 도미니크 르쿠르의 것)가 번역되어 이탈리아, 스페인, 독일, 그리고 영어권의 독자들에게까지 바슐라르가 알려졌다. 만약 바슐라르의 연구와 가르침을 요약한 텍스트를 하나 일러 달라고 한다면 우리는 기꺼이 그의 인식론적 저작으로는 맨 나중에 나온 『합리적 유물론』[20]의 결론 부분을 인용할 것이다. 이 책에서 과학 발전의 인식론적 불연속성이라는 주장은 20세기의 과학사, 과학교육, 과학언어의 필연적인 전환과 관련된 논의들에 의해 뒷받침되고 있다. 바슐라르는 이 책을 **사실적-진실의**(véritable-véridique)라는 이중어의 변조로 끝맺고 있다. "현대과학은 실재하는(véritable) 사실들에 대한 탐구와 참된(véridique) 법칙의 종합으로 이루어진다." 과학의 진실성, 혹은 진실을 말함은 사물이나 지성에 각인된 어떤 사실을 충실하게 재현하는 것이 아니다. 진실이란 과학적인 것을 말한다. 그렇다면 무엇으로 그것을 알 수 있는가? 여기에 대해 미리 말해진 것은 없다. 하나의 과학은 비판에 의해 수정되며 규범화되는 담론이다. 만약 이 담론이 역사가가 복원할 수 있다고 믿는 흐름을 갖고 있다면, 그것은 인식론자가 그 의미를 되살려야 하는 역사이기 때문이다.

---

20   Bachelard, *Le matérialisme rationnel*, Paris, P.U.F., 1953.

… 모든 과학사가는 필연적으로 진실에 대한 역사기록자이다. 과학의 사건들은 끊임없이 확장되는 진실 안에서 서로 연결되어 있다. … 사유의 그러한 순간들이 사유와 실험의 과거 위로 되풀이해 한줄기 빛을 던진다.[21]

이러한 사실을 밝힘으로써 역사가는 용어의 지속성을 개념의 동일성으로, 관찰에 대한 유사한 요청을 방법과 문제의식의 관련성으로 오인하는 것을 피하게 된다. 예를 들어 모페르튀이(Pierre Louis Maupertuis)를 시대를 앞선 형질전환론자나 유전학자로 보는 잘못을 피하게 되는 것이다.[22]

현재의 과학적 성과의 선구적 업적을 시대를 거슬러 올라가 비판적으로 평가하는 인식론적 회귀와 과학이론의 표준모델을 체계적이고 거의 기계적으로 과거에 적용하는 것 사이에는 큰 차이가 있다. 후자는 과거의 과학이론에 대해 일종의 인식론적 경찰의 역할을 수행한다. 클라크 신부가 위에서 아래로 탐구하는 과학사의 방법[23]이라고 부른 것은 현재의 과학은 성숙에 이르렀으며 미래의 새로운 결과를 산출하는 논리적 모델은 현재와 같을 것이라는 과학에 대한 분석철학적 확신에 근거를 두고 있다. 따라서 완성된

---

21 *Ibid.*, p. 86.
22 *Actes de la Journée Maupertuis*(Créteil, 1er decémbre 1973), Paris, Vrin, 1975에 실린 안 파고(Anne Fagot)의 논문 "Les 'transformisme' de Maupertuis"와 토론에서 우리가 한 언급들을 참조하라. *Les sciences de la vie aux XVIIe et XVIIIe siècles*(1941)에서 귀에노(Émile Guyénot)는 "유전학자, 모페르튀이"(p. 389)라고 쓰기까지 하였다.
23 Joseph T. Clark, "The philosophy of science and history of science", *Critical Problems in the History of Science*, 1959(2e ed. 1962), pp. 103~140.

이론으로 무장한 역사가의 작업은 과거의 이론이 논리적으로 미숙했던 이유를 묻는 것이 될 것이다. 과거에 대해 보편적인 시금석으로서 적용되는 현재의 모델은 과거에 대한 빛의 선택적인 비춤이 아니라 그것은 역사에 대한 일종의 무분별함이다. 어니스트 네이글은 이러한 주장에 반대했다.[24] 예를 들어 코페르니쿠스가 그의 모든 가정들을 공식화했다면 자기 이론의 제한점들을 어떻게 극복할 수 있었겠는가를 상상하면서 사람들은 역사적 가능성과 논리적 가능성을 혼동한다. 네이글은 클라크가 과학에 대한 분석철학의 견해를 교조적으로 신뢰한다고 생각했다.

인식론적 회귀와 소위 위에서 아래로의 방법을 구별하는 것이 용이하다면, 바슐라르가 말하는 과학적 활동의 특징인 '규범성'(normalité)[25]과 토머스 쿤의 '규범과학'(normal science)[26]을 구별하는 것도 아주 쉽다. 이 두 인식론은 과학교육과 과학교과서가 과학의 연속성을 과대평가한다고 보거나 과학적 진보의 불연속성을 주장한다는 점에서 공통점을 가지기도 한다. 그러나 같은 부류에 속하는 것으로 보이는 기본 개념들이 사실은 동일한 계열에서 유래하는 것이 아님을 분명히 인정해야 한다. 프랑수아 뤼소(François Russo)는 「인식론과 과학사」[27]라는 글에서 그것을 잘 보여 주었다.

---

24 Ernest Nagel, "Commentary on the Papers of A. C. Crombie and Joseph T. Clark", *Op. cit.*, pp. 153~161.

25 Bachelard, *L'activité rationaliste de la physique contemporaine*, 1951, p. 3. 마찬가지로 *Le rationalisme appliqué*, 1949, p. 112를 참조하라. "합리론자의 사유는 시작되는 것이 아니다. 그것은 교정하고 **규제하고**(régularise) **규범화시킨다**(normalise)."

26 Thomas Kuhn, *The structure of Scientific Revolution*, 2e éd., Chicago, 1970. Thomas Kuhn, *The Copernican Revolution*, New York, 1957.

비록 때로 인식론적 역사가 우위를 차지해야 한다는 요청에 대해 약간의 유보를 보이기는 하지만, 저자는 쿤이 합리성, 특히 과학적 합리성을 무시하고 있음을 드러내 보여 준다. 쿤은 이론의 필연성과 실험에 대한 이론의 우위를 주장하는 칼 포퍼 경의 가르침을 보존하려고 주의를 기울임에도 불구하고, 논리-실증주의적 전통의 유산을 버리지 못하고 합리성의 토대 위에 굳건하게 자리 잡는 데 신패한다. **패러다임**이나 **규범과학**과 같은 그의 인식론의 기본 개념들은 합리성에 속하는 것으로 보이는데도 말이다. 사실 '패러다임'이나 '규범적'과 같은 말은 통제하고자 하는 의도와 행위를 전제로 하고 있으며, 그들이 통제하는 것에 대해서 어긋나거나 벗어날 가능성을 내포하고 있는 개념들이다. 그런데 쿤은 이런 개념이 작동할 수 있는 수단을 부여하지 않은 채로 개념을 작동시켰으며, 이들을 문화적인 사실과 마찬가지로 경험적인 존재 방식으로만 인정했다. 패러다임이란 사용자가 선택한 결과이다. 규범적인 것(le normal)은 어떤 시기에, 대학이나 학문적 제도 안에 있는 전문가 집단에게 공통적인 것을 말한다. 이 경우 쿤은 사회심리학의 단계에 있으면서 철학의 비판적 개념과 관계가 있다고 생각한다. 따라서 『과학혁명의 구조』 2판의 후기는 이론의 진실성을 이해하는 문제가 제기되었을 때 쿤이 느낀 당황스러움을 보여 주고 있다.

---

27 François Russo, "Épistémologie et Histoire des Sciences", *Archives de Philosophie*, 37, 4, oct-dec. 1974, Paris, Beauchenesne. 뤼소는 이 문제를 다루고 있는 중요한 책 *Criticism and the Growth of Knowledge*(eds. by Lakatos & Musgrave, Cambridge, 1970)를 여러 번 되풀이해 참조한다. 이 책에서 포퍼(Karl Popper), 러커토시(Lakatos Imre), 파이어아벤트(Paul Feyerabend)는 쿤의 주장을 오랫동안 여기저기서 신랄하게 비판하고 있다.

반면 바슐라르는 규범이나 가치에 대해 말할 때, 이론과 수학을 동일시한다. 그가 수학과 물리학을 선호하기 때문에 그의 합리주의의 뼈대는 수학주의이다. 수학에서는 정상적인 것(le normal)이 없지만 규범화된(normé) 것은 있다. 논리실증주의를 다소간 직접적으로, 혹은 정통적으로 옹호하는 사람들과는 반대로 바슐라르는 수학이 실제적이든 잠재적이든 인식의 내용을 갖고 있으며, 수학의 진보는 그 내용에 있다고 생각한다. 이 점에서 바슐라르는 장 카바예스(Jean Cavaillès)와 만난다. 논리실증주의에 대한 카바예스의 비판은 지금도 그 날카로움이나 엄밀함을 조금도 잃지 않고 있다. 카르나프(Rudolf Carnap)에 반대해서 "수학적 연결 관계는 내적인 짜임새(일관성)를 갖고 있어 돌발적인 것이 허용되지 않는다. 진보는 본질적인 것이다"[28]라는 것을 보인 다음, 카바예스는 이 진보의 본질에 대해 다음과 같은 결론을 내린다.

　　과학 학설의 본질적인 문제 중 하나는 다음과 같은 것이다. 즉 진보는 과거의 것에 새로운 것을 덧붙여 양을 증가시키는 것이 아니라 심화나 삭제에 의해 내용을 끊임없이 수정하는 것이라는 사실이다. 나중에 오는 것이 앞선 것 이상이 되는 것은 나중 것이 앞선 것을 포함하거나 연장시키기 때문이 아니라, 나중 것이 앞선 것으로부터 필연적으로 나왔으며, 매번 그 내용 안에 자신의 우월성을 나타내는 고유한 표지를 지니기 때문이다.[29]

28　Jean Cavaillès, *Sur la logique et la théorie de la science*, 3e éd., Paris, Vrin, 1976, p. 70.

인식론적 회귀라는 역사적 방법은 처음에 수리물리학과 합성화학과 같은 아주 전문적인 과학의 영역에서 이루어진 방법이므로 다른 분야에도 적용되는 만능열쇠로 여겨질 수는 없다. 물론 창조적 행위를 낳을 수 있는 인간의 지성은 열심히 연구되고 적용된 전문 분야로부터 다른 분야로 조심스럽게 외삽(extrapolation)할 수 있는 지식 생산의 규칙을 추상해 낼 수 있다. 이러한 의미에서 이 방법은 일반화된다기보다는 확장된다고 말할 수 있다. 그러나 이 방법은 새로운 적용 영역을 사전에 한정시키지 않고는 과학사의 다른 대상들로까지 확장되어서는 안 된다. 예를 들어 18세기 자연사(自然史)의 역사에 새로운 과학정신의 규범과 절차들을 도입하기 이전에, 물리학에서 혁명적 영향을 미친 상대성이론이나 양자역학과 같은 개념적인 균열(fracture)[30]이 일어난 시기를 생명과학의 역사에서는 언제로 잡을 수 있는가 자문해 보는 것이 좋을 것이다. 우리가 보기에 이러한 균열은 다윈주의가 도입되던 시기[31] 정도에 겨우 탐지될 수 있으며, 그렇게 될 수 있었던 것은 그 후에 일어난 유전학과 분자생화학의 성립과 같은 되풀이된 지진의 영향 덕분이다.

따라서 되풀이 방법을 올바르게 사용하고 단절에 대한 관심을 교육시킬 필요가 있다. 단절을 주장하는 연구자들은 칸트식으

---

29   *Ibid.*, p. 78.

30   이 균열(fracture)이라는 용어 — 단절(rupture)이나 틈(déchirure)과 같은 바슐라르의 고유한 용어에 접근하는 — 는 장 카바예스에서 빌려 온 것이다. "연달아서 독립적으로 일어나는 단절, 매번 앞선 것들에 대해 부각되는 필연적으로 뒤에 오는 것의 어쩔 수 없는 옆모습, 그것을 넘어서기 위하여."(*Ibid.*, p. 28)

31   비판적 인식론의 시각에서 프랑스에서의 다윈주의 수용을 연구한 내용은 Yvette Conry, *L'introduction du darwinisme en France au XIXe siècle*, Paris, Vrin, 1974에 실려 있다.

로 과학적인 지식은 천재에 의해 이루어진 한 번의 유일한 단절과 더불어 시작되며, 또한 단절의 영향이 과학적 작업 전체와 관계되는 총체적인 것으로 나타난다고 흔히 생각한다. 그러나 한 역사적 인물의 업적 안에는 연속적으로 일어나는 단절이나 부분적으로 일어나는 단절을 드러낼 수 있어야 한다. 하나의 이론적 줄기에서 나오더라도 어떤 실은 완전히 새로운 것인가 하면 다른 실은 예전의 천에서 풀어낸 것일 수도 있다. 코페르니쿠스와 갈릴레이의 혁명도 앞선 유산을 보존하지 않고는 이루어질 수 없었다. 이 경우 갈릴레이는 좋은 예가 된다. 알렉상드르 쿠아레는 「갈릴레이와 플라톤」[32]이라는 글에서 『갈릴레이 연구』[33]라는 책에서와 마찬가지로 갈릴레이의 업적에서 중세의 역학이나 천문학으로 환원시킬 수 없는 결정적인 '변형'(mutation)[34]이 어디에 있는가를 지적하였다. 왜냐하면 수학(대수학과 기하학)이 물리학의 문제들을 탐구할 수 있는 열쇠의 지위로 격상된 사실은 아리스토텔레스를 넘어서 플라톤으로 회귀하게 된 것을 의미하기 때문이다. 이 주장은 충분히 잘 알려져 우리가 이를 계속할 필요는 없다. 한편으로 타당한 면도 있지만 갈릴레이를 아르키메데스주의자로 묘사하며 쿠아레가 회귀

32　Alexandre Koyré, "Galilée et Platon", *Études d'histoire de la pensée scientifique*, Paris, Gallimard, 1973, pp. 166~195.

33　Koyré, *Études galiléennes*, Paris, Hermann, 1940.

34　『갈릴레이 연구』의 처음에서 쿠아레는 바슐라르로부터 이 '변형'(mutation)이라는 용어를 빌려 왔다고 선언하고 있으며, 이를 「갈릴레이와 플라톤」에서도 사용하고 있다. 『새로운 과학정신』(*Le nouvel esprit scientifique*, 1934)과 『부정의 철학』(*La philosophie du non*, 1940)에서는 인식론적 불연속성(discontinuité épistémolgique)의 개념이 생물학 용어로부터 은유적으로 빌려 온 용어로 기술되었다. 바슐라르의 이러한 초창기 용어는 『합리주의의 적용』(*Le rationalisme appliqué*, 1949)에서 '인식론적 단절'(rupture épistémolgique)이라는 용어로 대치되면서 사라졌다.

(récurrence)의 자유를 남용하는 것은 아닐까?[35] 갈릴레이가 모든 아리스토텔레스주의를 거부한 것처럼 제시하는 것은 갈릴레이가 가져온 단절을 지나치게 과장하는 것이다. 이 점에 있어 루도비코 제이모나트[36]가 자신의 저서 『갈릴레오 갈릴레이』에서 쿠아레는 갈릴레이를 해석하며 수학은 논리학을 강화시키는 데 이용되어야 한다고 말하면서도 갈릴레이가 간직하고 있던 아리스토텔레스적 유산을 너무 손쉽게 지워 버렸다고 지적한 것은 근거가 있는 말이 아닐까? 따라서 쿠아레는 뒤엠(Pierre Duhem)을 다음과 같이 비판한 바로 그 점에서 비판받게 된다.

> 중세에서 현대에 이르는 물리학의 발달에서 분명히 연속성(카베르니 Raffaello Caverni와 뒤엠이 그토록 열정적으로 강조한)이 나타난다는 주장은 허구이다. 잘 준비된 혁명도 결국은 혁명이다.[37]

이 점에 있어서 쿠아레보다 뒤엠이 과학사와 인식론에서 분석철학의 노선에 있는 영미의 역사가와 인식론자의 대화자가 된 이유를 묻는 것이 흥미롭지 않을까? 뒤엠이 과학이론의 구조를 연구할 때 보여 주는 아리스토텔레스의 도식에 대한 신뢰는 쿠아레의

---

35 모리스 클라블랭(Maurice Clavelin)은 자신의 박사학위 논문 *La philosophie naturalle de Galilée*(Paris, A. Colin, 1968)에서 아르키메데스적 모델의 타당성을 주장하고 풍부한 플라톤적 모델에 이의를 제기한다.

36 Ludovico Geymonat, *Galileo Galilei*, Torino, Einaudi, 1957. 특히 프랑스어판(Paris, Robert Laffont, 1968), pp. 323~338을 보라.

37 *Ibid.*, pp. 171~172.

역사적 수학주의보다, 특히 카바예스와 바슐라르의 전투적 수학주의보다 논리실증주의에 더욱 부합하는 것이 아닐까?[38]

불연속의 인식론이 연속성의 인식론에 영감을 받은 과학사의 타당성을 온전히 정당화하는 것이 역설적이지 않은가? 만약 과거에 유효했던 과학의 규범들이 서로 일치하지 않는다면, 그것은 적용의 영역을 다르게 선택했기 때문이다. 단절의 인식론은 과학사의 가속 시기, 년이나 월이 변화를 측정하는 단위가 되었던 시기에 부합한다. 연속성의 인식론은 자신이 선호하는 대상을 어떤 지식의 시작이나 일어남에서 찾는다. 단절의 인식론은 연속성의 인식론만을 신봉하는 철학자를 빈정거리긴 하지만 연속성의 인식론을 결코 전적으로 무시하지는 않는다. 바슐라르는 피에르 뒤엠을 이해하지만 에밀 메이에르송(Émile Meyerson)을 용납하지 못한다.

결국 연속론자들이 주장하는 인식론의 공리는 다음과 같은 것이다. 시작이 느리기 때문에 진보는 연속적이다. 연속성을 신봉하는 철학자는 더 이상 멀리 나가지 않을 것이다. 그는 새로운 시대, 즉 과학의 진보가 모든 분야에서 터져 나와 전통적인 인식론을 파열시키는 시대를 사는 것이 불필요하다고 생각한다.[39]

인식론적 회귀 방법을 사용하는 역사는 한편으로 기존의 역사

---

38 뒤엠의 인식론과 과학사에 대한 그의 개념에 대해서는 *Les Études philosophiques*, 1967, XXII, 4호에 실린 르네 푸아리에(René Poirier)와 모리스 부도(Maurice Boudot)의 논문을 참고하라.

39 Bachelard, *Le matérialisme rationnel*, p. 210.

서술을 넘어서면서 다른 한편으로 새로운 개념과 규범이 도입될 때 자신도 언젠가 그것에 의해 대체되리라고 예상할 수 있을까?

물론 인식론적 단절에 의한 과학의 진보는 어떤 분야의 역사를 흔히 다시 쓰게 만드는데 우리는 그 영역이 동일한 영역이라고 말할 수 없다. 왜냐하면 언어의 관성에 의해 동일한 이름으로 지속되더라도 그것은 사실 다른 대상이기 때문이다. 저자들의 개성은 차치하고, 프랑수아 자코브가 쓴 『생명의 논리』(1970)와 칠스 싱어의 『생물학의 역사』(1950)[40] 2판을 구별 짓는 것은 단순히 그동안 축적된 지식의 분량만이 아니라 DNA 구조가 밝혀졌고(1953), 유기체, 적응, 유전 등과 같은 기존의 용어 안에서이건, 전언(message), 프로그램, 원격질서(téléonomie)와 같은 새로운 용어 아래서이건 생물학에 새로운 개념이 도입되었기 때문이다.

문제는 역사를 다시 쓰는 것이 아니라 역사적 연구도 폐기되거나 사멸될 수 있다는 것이다. 프랑스의 젊은 세대 인식론자들은 두 가지 방식으로 이러한 과학사로부터 거리를 둔다. 첫 번째는 인식론적 환상을 고발하고 임무의 교대를 알리는 것이다. 두 번째는 과학사는 이제 다시 태어나야 한다고 말하는 것이다.

가스통 바슐라르의 저작에 대해 세밀하고 통찰력 있으며 포괄적인 해석을 한 도미니크 르쿠르는 가장 최근에 나온 바슐라르에 대한 저서 『밤과 낮』[41]에서 바슐라르가 자신의 인식론적 분석의 추

---

40   Charles Singer, *A History of Biology to about the Year 1900*, New York, Schuman, 1950. 이 책의 부제는 *A general introduction to the study of living things*이다. 초판은 1931년에 나왔고 프랑스어로도 번역되었다. *Histoire de la biologie*, Paris, Payot, 1934.

동력과 의미를 이해하지 못하였으며, 과학철학의 관념론적 함의에 사로잡혀 있음을 보여 주려 하였다. 바슐라르는 그의 모든 결론이 변증법적 유물론의 주장을 강화하는 경향이 있음에도 불구하고 지식의 생산에 수직적 판단 방법을 적용하였다. 지식 생산은 사회적 실천이므로, 지식을 생산 조건과의 관계에서 판단하는 것은 당연히 정치적 실천에 관한 이론, 다시 말해 루이 알튀세르와 그의 학파가 재검토한 맑스주의 유물론에 의존한다. 만약 그러하다면 인식론에 의해 과학을 수직적으로 다시 나누려는 의도는 실패할 것이라는 데에 많은 사람들이 동의할 것이다. 정치에서는 진실과 거짓이라는 과거의 극성이 어떤 노선에 대한 순응과 이탈이라는 새로운 극성으로 대체된다. 그런데 분할선이, 보다 정확히 말해 최후의 지배적 결정 요인이 정치인 분야에서 '과학'이라는 말을 보존하는 것이 가능한가를 사람들은 먼저 질문할 것이다. 환상적 인식론의 근본 개념인 '단절'은 인식론적 단절이라는 용어를 만들어 내면서 과대평가되었다. 그런데 역사에 대한 과학임을 자임하며 인식론을 환상이라고 거부하는 맑스주의를 재해석하는 데 어떻게 단절의 인식론을 사용할 수 있겠냐고 사람들은 물을 것이다.

또 다른 젊은 인식론자 미셸 세르(Michel Serres)는 과학사는 존재하지 않는다고 주장한다. "모든 사람들이 과학들의 역사에 대해 말한다. 마치 그것이 실재하는 것처럼. 그런데 그것이 실제로 존재하는지 나는 모른다."[42] 과학들의 역사(histoire des sciences)에서 'des'는

41   Dominique Lecourt, *Bachelard, le jour et la nuit*, Paris, Grasset, 1974.

부분 부정관사이다. 기하학, 광학, 열역학 등의 역사가, 따라서 서로를 절연시켜 주고 외재시키는 분할에 의해 규정되는 영역들이 존재한다. 그런데 과학사가 "분할되지 않은 전체로서의 보편적 지식의 흐름"의 역사가 되기 위해서는 'des'는 전반적(global) 부정관사가 되어야 한다.[43] 오직 구성된 지식만이 일반사 안에서 다른 구성과 관계를 맺을 수 있다. 미셸 세르에 의하면 과학사는 분류의 희생물이다. 문제는 어떤 사실들로부터 그 분류가 비롯되있는가를 아는 것이며, "분류에 대한 비판적 역사"[44]를 시도해야 함에도 불구하고 과학사는 이러한 분류를 기정사실로 받아들이고 있다. 지식의 총체가 발전해 나가는 "역사적 과정"을 이해하기도 전에 지식의 분할을 무비판적으로 받아들이는 것은 "이데올로기"에 복종하는 것이다. 여기서 사용한 용어들이 맑스주의를 준거로 삼는 듯하게 보일 수는 있지만, 그 맥락을 따져 볼 때 그렇지는 않다.[45] 어쨌

---

42 J. Le Goff et P. Nora(dir.), *Faire de l'histoire*, Paris, Gallimard, 1974, Tome II: *Nouvelles Approches: Les sciences*, pp. 203~228.

43 *Ibid.*, p. 204.

44 오귀스트 콩트에 대한 연구(*Histoire de la philosophie 3*, Gallimard., 1974)에서 미셸 세르는 분류에 대한 비판적 연구가 없다는 사실에 대해 동일한 아쉬움을 표현하고 있다. 그러나 이러한 연구는 있으며 아쉬운 점은 그것이 널리 알려지지 않았다는 것이다. 그것은 사회심리학 실험실을 이끌어 가고 있는 로베르 파제(Robert Pagès)의 연구이다: *Problèmes de classification culturelle et documentaire*, Paris, Editions documentaires industrielles et techniques, 1955(impression roneo).

45 맑스주의를 준거로 삼고 있다는 가설은 *Esthètiques sur Carpaccio*(Paris, Hermann, 1975)의 한 구절에 의해 지지받을 수 있는가? "인식 주체의 작용에서 일어나고 있는 일을 묘사하는 어리석은 계획"을 고발한 미셸 세르는 다음과 같이 덧붙인다. "누가 그것을 당신에게 말했는가? 당신이 그것을 보았는가? 그것을 보려면 어디로 가야 하는지 내게 말해 달라. 이러한 조건법은 비현실적인 것이다. 가능성의 조건들은 여기저기에 존재하며, 요정들의 궁전이나 유토피아의 내부에 있는 것은 아니다. 이것이 바로 맑스가 다시 활력을 불어넣은 칸트의 비판적 기획, 칸트의 조건적 영역이다. 맑스주의는 귀여운 왕자를 꿈꾸지 못하게 하는 데 성공한 비판주의이다."(pp. 86~88)

든 가스통 바슐라르의 인식론은 과학사가 그러한 문제를 무시한다고 비난을 받기 이전에 그러한 문제와 대결하고 있다. 『합리주의의 적용』의 가장 큰 부분은 "지식의 합리적인 조직 구성 안에서 뚜렷이 분할된 영역"이 존재하는 이유와 가치에 대한 물음으로, 그리고 "통합적 합리주의"와 "국소적 합리주의"의 관계에 대한 물음으로 이루어져 있다.

물론 우리가 위에서 인용한 각각의 논쟁적인 텍스트들은 보다 충분하게 논의되고 시간을 들여 검토할 가치가 있는 것들이다. 이들을 언급하는 것이 마땅한 것은 이들 각자가 새로운 과학사와 풍요로운 관계를 약속하고 있기 때문이다. 이 연구의 처음에 우리가 말해 온 프로그램에 대해 이들이 비판적이지만 그들 또한 프로그램을 제시하고 있을 뿐이다. 이제는 구체적인 결과를 기대할 때이다.

제1부

19세기 과학과 의학의 이데올로기

I. 과학적 이데올로기란 무엇인가?

I

과학적 이데올로기란 무엇인가? 이 질문은 과학사의 **실천**에 의해 제기된 것으로 보이며, 이 질문에 대한 해답은 과학사에 대한 이론에 상당히 중요하다. 사실 무엇보다도 과학사가 **무엇을 가지고** 역사를 만들려고 하는가를 아는 것이 중요하지 않을까? 과학사는 과학이라고 하는 문화 형식들의 역사라고 답하기는 분명 쉬운 일이다. 일반사의 특정한 시기에서 이루어지는 어떠한 활동이나 분야가 과학이라는 명칭에 합당한가 아닌가를 결정하는 기준을 정확히 규정할 필요가 있다. 왜냐하면 이것은 권위가 요구되는 자격의 문제이기 때문이다. 그리고 이에 따라서 정통과학의 역사가 정통에 의해 비정통이 추방된 역사를 배제해야 하는지, 아니면 허용해야 하는지, 혹은 더 나아가 포함시켜야 하는가 하는 문제가 불가피하게 제기된다. 우리는 의도적으로 추방이라고, 다시 말해서 성실하게 얻은 재산에 대한 법적 소유권 박탈이라고 말한다. 볼테르(Voltaire)가 그렇게 한 것처럼 우리는 이미 오래전부터 미신과 사이비 과학은 교활한 회교도에 의해 만들어졌고 무식한 유모에 의해 지속되었다고 믿지 않는다.[1]

이것은 분명 서류나 문서에 의해 재구성될 수 있는, 과학 지식의 과거에 관련된 기술적이거나 역사적인 방법의 문제 이상의 것이다. 그것은 역사 안에서 과학적 지식을 구성하는 영구적인 양식에 관련된 인식론의 문제이다.

제12회 국제과학사학회 제1심포지엄에 제출한 논문「과학사 발달의 요소들」에서 수호돌스키 교수는 이와 유사한 문제를 제기하였다.

> 만약 오늘날까지의 모든 과학사가 '반과학'(antiscience)의 역사라면 당연히 그럴 수밖에 없으며 아마도 앞으로도 달라지지 않을 것임이 증명될 것이다. … 진실에 대한 역사로서 과학사를 실현하는 것은 불가능하다. 과학사는 내부에 모순을 지닌 가설이다.[2]

우리는 이 '반과학'이라는 개념으로 다시 돌아와야 할 것이며, 이 개념이 우리가 이데올로기라고 이해할 수 있는 개념과 어느 정도로 합치하는가를 자문해야 할 것이다.

사실 우리의 질문은 과학사 활동을 하는 가운데 제기된다. 왜

---

1   Voltaire, *Dictionnaire philosophique*의 'Préjugé' 항목 참조.
2   Bogdan Suchodolski, "Les facteurs du développement de l'histoire des sciences", *XIIe Congrès International d'Histoire des Sciences, Colloques, Textes des Rapports*, Paris, 1968, p. 34.

냐하면 다른 많은 사람들이 제기하지 않았던 우리의 질문에 대해 과학사가들이 오늘날에 이르기까지 어떤 대답을 했는가를 탐구해 볼 때, 우리는 그러한 기준이 없었음에 놀라게 되기 때문이다. 수학사가들 가운데 수와 도형의 마술적이거나 신비적인 성질에 대한 연구를 수학사의 연구 대상에 포함시킨 사람은 거의 없다. 1543년 니콜라우스 코페르니쿠스에 의해 점성술의 가공의 토대가 전복되었지만 천문학사가들이 점성술에 어느 정도의 자리를 내어 주는 것은 다만 합법적인 지위를 획득한 천문학이 수 세기 동안 점성술의 관찰에 빚을 지고 있기 때문이다. 그러나 많은 화학사가들이 연금술의 역사에 관심을 갖고 있으며, 연금술을 화학의 사유 단계의 연속성 안에 통합시킨다. 인문과학, 예를 들어 심리학의 역사를 연구하는 역사가는 보다 혼란스런 경우를 보여 준다. 심리학의 역사에 대해 브렛(George Sidney Brett)이 쓴 책의 2/3는 영혼, 의식, 정신의 생명 등에 관한 이론들을 다루고 있는데, 그 이론들은 대부분 심리학이라는 용어조차도 나타나기 이전, 따라서 당연히 심리학의 현대적 개념이 형성되기 이전의 것들이다.

II

과학적 이데올로기라는 표현이 적절한가? 이 표현이 이론이 될 야심으로 만들어진 모든 담론들, 현상들 사이의 관계를 어느 정도 일관성 있게 나타내는 표상들, 경험에 대해 주석을 가할 수 있는 상대적으로 항구적인 축들을 적절히 지칭하고 한계를 정하는 데 적합한가, 요컨대 이러한 사이비 지식의 비현실성은 오직 과학은 본질적으로 사이비 지식을 비판하는 데에서만 성립된다는 사실에서 생겨나는가?

오늘날 다행스럽게도 **이데올로기**라는 개념은 분명한 기원을 가지고 있다. 그 개념은 칼 맑스 사상의 통속화와 관계가 있다. 이데올로기는 논쟁적 역할을 하는 인식론저 개념으로 정치학, 도덕, 종교와 형이상학의 언어에서 나타나는 표상 체계들에 적용된다. 이 언어는 있는 그대로의 사물을 표현한다고 주장하지만 그 언어는 사실 어떠한 상황, 다시 말해 사람들 사이의 관계, 그리고 사물과 사람의 관계 체계를 보호하고 방어하는 수단이다. 맑스는 자신이 건설하려고 하는 과학의 이름으로 이데올로기를 고발한다. 그 과학은 자신의 역사를 만들어 가는 인간에 대한 과학이지만 인간의 욕망에 따라 만들어지는 것은 아니다.

18세기 프랑스 철학에서 빌려 온 이데올로기란 용어가 어떻게 맑스에 의해 오늘날 통용되는 의미를 가지게 되었을까? 카바니스(Pierre Jean Georges Cabanis)와 데스튀트 드트라시(Antoine Destutt de Tracy)에 의하면 이데올로기는 관념의 생성에 대한 과학이다. 그 목표는 관념들을 자연현상과 같이 다루는 것이며, 살아 있는 유기체이자 감각을 가진 인간이 자연환경과 맺는 관계를 표현하는 것이다. 아직 설익은 실증주의자들이었던 이데올로그들은 그러나 자유주의자들이었으며, 신학과 형이상학의 반대자들이었다. 무엇보다도 보나파르트의 정치적 행동은 이 자유주의자들로 하여금 환상을 품게 하였으며, 그들은 보나파르트가 프랑스 혁명의 유언을 실행할 것이라고 믿었다. 이 보나파르트주의자들이 반나폴레옹주의자들이 되었을 때, 나폴레옹 1세는 그들을 한껏 경멸하고[3] 구박했으며, 이데올로그들의 대중적 이미지를 왜곡시켰다. 이데올로기는 인간의 마음에 대한 지식과 역사의 교훈을 입법하는 정치적 현실주의의 이름으로 형이상학, 즉 공허한 사유로 고발당했다.

따라서 우리는 맑스가 이데올로기라는 용어에 부여한 의미 안에는 사물과 인식의 관계를 역전시킨다는 개념이 보존되어 있음을 알 수 있다. 이데올로기는 원래 인간이 현실에 대한 관념을 획득하는 자연과학을 의미했으나, 이제는 현실에 대한 진정한 관계를 알지 못하게 된 어떤 상황에서 유래된 모든 관념의 체계를 의미한다. 맑스에 따르면 주의가 진정한 대상으로부터 벗어날 때 생겨난다.

그렇다면 과학적 이데올로기라는 개념은 맑스주의적 의미에서의 일반적 이데올로기 개념 안에 왜곡 없이 포함되는가? 처음 보기에는 그렇지 않다. 맑스는 『독일 이데올로기』(*Die Deutsche Ideologie*)에서 정치적, 법률적, 경제적, 종교적 이데올로기를 그가 세우려고 하는 경제 과학과 분명하게 대립시킨다. 그 과학은 이데올로기의 모든 현실이며 동시에 유일한 현실인 베일을 찢으면서 자신을 정당화시킨다. 따라서 과학적 이데올로기라는 말은 논리상 괴물이 될 것이다. 정의상 모든 이데올로기는 벗어남이다. 이때

---

3   "그[나폴레옹]가 사업가들에 대해 보였던 경멸감은 이데올로그들에 대한 경멸에서 완성되었다." 맑스, 『신성가족』, VI, III, 'c. 프랑스 혁명에 대한 비판적 투쟁'.

벗어남은 거리와 이탈이라는 이중적인 의미에서이다. 그것은 모든 이데올로기가 현실로부터 멀리 떨어져 있음과 자신이 탐구한다고 생각하는 대상의 중심으로부터 이탈되어 있음을 의미한다. 맑스는 맑스주의 경제과학과 대립하는 모든 정치경제적 이데올로기는 계급 상황의 영향에 의해 나타난다는 점을 증명하려고 애쓴다. 이 계급적 영향은 부르주아 지식인들로 하여금 그들이 거울이라고 생각하는 것, 즉 거울처럼 사물 자체를 반영한다고 생각하는 학문 안에서 인간과 인간, 인간과 자연의 관계에 대해 뒤집힌 상만을 지각하게 만든다. 비록 어떤 이데올로기는 다른 것들보다 현실[4]로부터 덜 멀어져 있다 하더라도 이들 중 어떠한 이데올로기도 진실을 말하지 않으며, 이들 모두는 환상이다. 그리고 여기서 환상이라는 말을 잘못이나 무시라는 의미로만 이해해서는 안 되며, 사람을 안심시키는 허구, 특정한 이해[5]에 따라 편향된 판단에 대한 무의식적 순응 등으로도 이해해야 한다. 요컨대 맑스는 이데올로기에 보상 기능을 부여한 듯하다. 부르주아의 이데올로기는 사회적 갈등과 계급투쟁의 징후에 대한 반응이며, 동시에 그러한 반응은 갈등 상황을 유발시키는 구체적인 문제를 이론적으로 부인하는 경향이 있다.

그런데 맑스가 『독일 이데올로기』에서 과학을 이데올로기의

---

4   맑스에 따르면 18세기의 프랑스와 영국의 정치 이데올로기는 독일의 종교적 이데올로기보다 현실의 토대로부터 덜 멀어져 있었다.
5   부르주아 계급이 지배적인 위치에 있는 사회적 관계가 영원하다고 받아들이는 환상은 『공산당 선언』에서 '이해관계에 침윤된 개념'으로 평가된다.

하나로 거명하지 않은 것은 놀라운 일이 아닌가? 물론 맑스는 포이어바흐(Ludwig Feuerbach)가 소위 '순수'하다는 자연과학이 인간의 물질적 활동인 상업과 공업으로부터 목표와 방법을 받아들인다는 사실을 이해하지 못했다고 비판했다. 그런데 이것(맑스의 포이어바흐에 대한 비판)은 자유주의 경제학과 같은 이데올로기적 담론 유형과 전자기학이나 천체역학과 같이 증명된 담론 유형은 이데올로기적 입장에서 볼 때 아무런 차이가 없다는 사실을 인정하는 것인가? 17세기와 18세기에 천문학이 확립될 수 있었던 것은 당시에 광학기기와 정밀시계가 제작되었기 때문이라는 것은 분명한 사실이다. 바다 위에 경도를 설정하는 것은 18세기에는 이론적 문제였으나, 그것은 상업적 목적의 시계 제작 기술의 도움을 필요로 했다. 그러나 뉴턴의 천체역학은 오늘날 아주 다른 이데올로기를 지닌 기술과 경제에 의해 유지되는 인공위성 기술이나 우주비행과 같은 거대한 규모의 실험에서 증명되고 있지 않은가? 자연과학이 자연을 이용하고 부를 생산하는 연속적인 양태로부터 독립되어 있지 않다고 말하는 것이 그 문제틀의 자율성과 방법의 고유성을 거부하는 것은 아니며, 자연과학을 경제학이나 정치학처럼 주어진 순간에 사회적 관계에서 지배 계급의 지배 이데올로기와 관련짓는 것은 아니다. 맑스는 『정치경제학 비판을 위하여』(*Zur Kritik der Politischen Ökonomie*)에서 '어려움'과 마주친다. 그가 말하는 어려움은 특정한 사회 상태의 상대적 생산물인 예술이 그 역사적 조건을 넘어서, 그리고 그 역사적 조건이 사라지고 난 후에도 영구한 가치를 보존하고 있다는 사실이다. 맑스가 그리스의 예술에 대해 인정한 것을 맑스주의가 그리스의 기하학에 대해 거부할 수 있겠는가?

그러나 과학적 지식이 이데올로기의 하나로 자리 잡을 수 없다 하더라도, 과학적 이데올로기의 개념에 어떤 의미를 부여할 수 있지 않을까? 이데올로기의 차원에서는 내용과 기능을 분리해야 한다. 계급들 사이의 관계를 소멸시킬 필연적 의무를 가진 무산자 계급이 그 변증법적 과업을 달성하게 될 때, 이데올로기에 종말이 올 것이라고 맑스는 분명하게 선언한다. 이데올로기적, 정치적, 도덕적, 종교적 환상의 기능은 문자 그대로 그때 그 수명을 다하게 될 것이다. 동질적이고 안정된 사회는 자신의 상황에 대한 적합한 묘사를 맑스의 텍스트에서 발견할 것이다. 그러나 역사는 지속된다. 아니 역사는 시작된다고 말해야 한다. 이 역사는 자연에 대한 어떤 관계의 역사이다. 따라서 우리는 자연에 대한 이러한 새로운 관계가 지극히 명료하고 과학적으로 예측 가능하게 확립될 수 있는가를 자문해야 한다. 우리는 과학이 역사 안에서 조용히 변해 가는 모습을 예측할 수 있을까? 이와는 반대로 우리는 새로운 과학 지식의 생산에는 과거와 마찬가지로 현재도 지적인 모험이 합리화 과정보다 앞선다고 주장할 수 있지 않을까? 인간이 자연과 새로운 관계를 맺기 위해서는 신중하고 조심스럽게 이미 인식하고 확인했어야 할 것을 과감히 초월해야 하는 것은 아닌가? 이 경우 과학적 이데올로기는 과학이 성립될 수 있는 가능성에 대한 장애물인 동시에 조건이 될 것이다. 이 경우 과학사는 그 자체로 인정되는 과학적 이데올로기의 역사도 포함해야 할 것이다. 과학적 이데올로기 개념의 인식론적 지위를 애써 다루는 것이 어떤 도움이 되는가를 살펴보자.

과학적 이데올로기는 계급에 대한 정치적 이데올로기와 같이 허위 의식은 아니다. 그것은 또한 허위과학도 아니다. 허위과학의 본질은 거짓과 결코 만나는 일이 없고, 아무것도 포기할 필요가 없고, 결코 언어를 바꿀 필요가 없는 것이다. 허위과학에서는 전(前)과학적 상태라는 것이 존재하지 않는다. 허위과학의 담론은 반증될 수도 없는 것이다. 요컨대 허위과학에는 역사가 있을 수 없다. 반면 과학적 이데올로기는 나중에 다시 언급할 원자론과 같이 역사를 가진다. 과학적 이데올로기는 지식의 백과사전 안에서 차지하는 위치가 과학성이라는 규범으로 타당성을 입증한 분야에 둘러싸일 때 종말을 고한다. 이때 비과학의 영역은 배제에 의해 결정된다. 우리는 수호돌스키처럼 반과학(anti-science)이라고 말하기보다는 비과학(non-science)이라고 말한다. 그렇게 말하는 것은 다만 과학적 이데올로기에는 이미 확립된 어떠한 과학의 모델을 따라 과학이 되고자 하는 명백한 야심이 있다는 사실을 고려하기 때문이다. 이것이 본질적인 것이다. 과학적 이데올로기의 존재는 그와 평행하거나 예비적인 과학적 담론이 존재함을 암시하고 있으며, 따라서 이미 과학과 종교 사이에서 이루어진 분할이 이 경우도 존재함을 아울러 암시한다. 원자론의 경우를 생각해 보자. 데모크리토스, 에피

쿠로스, 루크레티우스는 자신들의 자연학과 심리학에 과학의 지위를 요구한다. 그들은 종교라는 반과학에 대해 반종교인 자신들의 과학을 대립시킨다. 과학적 이데올로기는 분명 실험의 영역에서 과학이 포괄하려고 하는 과학의 방법론적 요구나 조작 등의 가능성에 무지하다. 그러나 그것은 과학의 역할에 대한 무시나 경멸, 혹은 거부는 아니다. 결과적으로 말해 과학적 이데올로기와 미신을 혼동해서는 안 된다. 왜냐하면 이데올로기는 지식의 공간 안에 자리를 잡지, 종교적 신앙의 공간에 자리를 잡지 않기 때문이다. 그리고 특히 어원론적 의미에서 엄밀히 말하더라도 과학적 이데올로기는 미신으로 다루어질 수는 없다. 미신은 과거 종교의 표상을 유지하는 것이며, 새로운 종교가 그것을 금하더라도 없어지지 않는다. 과학적 이데올로기는 과학이 취하러 올 장소보다 훨씬 높은 곳에 위치하고 있다. 그곳은 단지 높은 곳일 뿐 아니라 벗어난 곳이기도 하다. 어떤 과학이 이데올로기가 지시한 장소를 차지할 때, 그것은 기대했던 장소가 아니다. 19세기의 화학과 물리학이 원자에 대한 과학적 지식을 확립하였을 때, 원자는 원자론의 이데올로기가 원자에 부여한 자리, 즉 나누어질 수 없는 것의 자리에 나타나지 않았다. 과학이 발견하는 것은 이데올로기가 찾도록 제안한 것이 아니다. 고체를 분쇄하는 기술과 현대의 원자물리학 이론이 다른 것만큼 이론의 맥락이나 방법이 다를 때 단어의 지속성은 아무런 의미가 없다. 그래서 이데올로기가 단순한 것으로 선언한 것의 과학적 실체가 사실은 복잡한 구조를 가진 것으로 밝혀지는 것이다.

우리는 유전에 관한 멘델(Gregor Mendel)의 이론에서 이데올로기가 과학으로 대체되는 과정을 보여 주는 또 다른 설득력 있는 사례를 본다. 대부분의 생물학사가는 모페르튀이를 유전학의 선구자로 본다. 왜냐하면 그는 『자연의 비너스』(*Vénus physique*)에서 정상적이거나 병적인 형태학적 특질의 전달 기전의 연구에 몰두했으며, 어떤 가족 안에서 생길 수 있는 이상의 빈도가 우연적인 것인지 아닌지를 결정하기 위해 확률을 계산했고, 잡종형성 현상을 교접 시 결합되는 유전적 요소인 종자 원자(atomes séminaux)로 설명했기 때문이다. 그런데 모페르튀이와 멘델의 텍스트를 한 번만 비교해 보아도 과학과 과학이 추방시키는 이데올로기의 차이점이 명백히 드러난다. 멘델의 경우 그가 연구하는 사실들은 처음 주어진 현상에 포착된 사실들이 아니라 연구에 의해 생겨난 사실들이다. 연구는 문제에 의해 이루어지고 이 문제는 멘델 이전의 문헌에는 나타나지 않는다. 멘델은 형질이라는 개념을 고안했는데 이것은 유전적 전달의 기본요소이며 전달의 인자는 아니다. 멘델의 형질은 n개의 다른 형질들과 결합할 수 있고, 그 형질이 다른 세대에서 다시 나타날 빈도를 계산할 수 있다. 멘델은 그 구조나 수정, 발생에는 아무런 흥미도 보이지 않았다. 멘델에게 있어 잡종교배는 어떤 보편형의 항구성이나 불안정성을 확립하는 방법은 아니다. 그것은 보편형을 분해하는 방법이며, 많은 사례에 적용하여 형질을 분석하고 분리시키는 도구이다. 멘델이 잡종에 관심을 가진 것은 잡종교배에 대한 오랜 전통적 관심과 절연하기 위해서였다. 멘델은 성의 문제에도, 선천적 형질과 획득형질, 전성설과 후성설 사이의 논쟁에도 관심이 없었으며, 다만 조합의 경우를 계산하여 자기 가설의 결과의 진위를 확인하는 일에만 관심을 가졌다.[6] 멘델은 반대로 그의 진정한 선구자가 아닌 사람들의 관심을 끌었던 모든 것을 무시했다. 18세기의 유전적 전달에 대한 이데올로기는 동물이나 식물에서 일어나는 잡종의 생산, 괴물의 출현에 관련된 관찰과 이야기에 굶주려 있었다. 이러한 탐욕스런 호기심에는 여러 가지 목적이 있다. 그것은 전성설과 후성설, 그리고 난자설(ovisme)과 극미동물설(animaculisme) 중에서 하나를 결정하고, 그것에 의해 성의 우열, 유연관계, 혈통의 순수성, 귀족정치의 합법성에 관련된 법률적 문제를 해결하는 것이다. 이러한 관심은 유전의 문제를 심리적-생리적 기능 획득의 문제와 갈라놓는데, 이것은 선천설과 감각설 사이의 논쟁과 관련 있다. 잡종교배의 기술은 우성변이종을 찾고자 하는 농학적인 관심에서뿐 아니라 종들 간의 관계를 결정하려는 식물학자의 관심에 의해서도 유지된다. 모페르튀이의 『자연의 비너스』는 그 시대의 맥락과 분리되지 않고는 멘델의 『식물잡종연구』 (*Versuchen über Pflanzenhybriden*)와 부분적으로도 겹칠 수 없다. 멘델의 과학은 자신이 대체한 이데올로기의 축에 자리 잡고 있지 않다. 그것은 이데올로기가 여러 개의 축을 가지며 그 사유의 축들 가운데 어떤 것도 이들을 추종하는 자들에 의해 놓이지 않았다는 단순한 이유 때문이다. 그들은 서로 다른 시대의 전통으로부터 여러 사유의 축들을 물려받았다. 난자설과 극미동물설은 귀족정치를 옹호하는 경험적, 신화적 주장과 동일한 시대에 속하지 않는다. 유전의

---

6   J. Piquemal, *Aspect de la pensée de Mendel*, Paris, Conférence du Palais de la Découverte, 1965 참조.

과학이 보기에 유전의 이데올로기(이 경우 단어는 과학에서 이데올로기로 거슬러 올라가며, 원자론의 경우에는 이데올로기에서 과학으로 내려온다)는 과도한 주장을 펼치는 것으로 이는 이론적이고 현실적인 중요한 법률적 문제를 그 토대를 검토해 보지도 않고 해결하려는 것처럼 순진한 야망에서 비롯된 것이다. 여기서 이데올로기는 점차 감소되면서 사라진다. 그러나 제대로 근거를 갖추지 못한 과학이 사라지면서 이데올로기가 등장한다. 어떤 관찰과 추론의 결합체가 이데올로기로 간주되는 것은 그 타당성의 영역을 제한하는 담론에 의해, 그리고 일관성 있고 정합적인 결과로 입증하는 담론에 의해 과학의 자격을 상실당한 이후에 일어난다.

과학적 이데올로기에 어떤 지위를 부여하기 위해 그것이 어떻게 사라지는가를 연구하는 것보다 그것이 어떻게 출현하는가를 연구하는 것이 시사하는 바가 더욱 크다. 19세기에 있었던 과학적 이데올로기, 즉 진화론의 탄생을 간략히 검토해 보자. 허버트 스펜서(Herbert Spencer)의 저작을 분석해 보면 흥미롭다. 스펜서는 연속적인 분화 과정을 거쳐 일어나는 단순한 것에서 복잡한 것으로의 진화를 통해 보편적 진보의 기계론적 법칙을 공식화할 수 있다고 생각했다. 보다 동질적인 것에서 덜 동질적인 것으로의 이행, 덜 분화된 것에서 더 분화된 것으로의 이행은 태양계, 동물유기체, 생명체의 종, 인간, 사회에 구현된 인간성, 인간의 사유와 활동의 생산물, 특히 언어의 형성을 보편적으로 규정한다. 스펜서는 자신이 말한 진화의 이러한 법칙이 카를 에른스트 폰 베어(Karl Ernst von Baer)의 『발생학의 원리들』(*Über Entwickelungsgeschichte der Tiere*, 1828)을 일반화시켜 얻은 것이라는 사실을 분명히 밝힌다. 『종의 기원』(*On the Origin of Species*, 1859)이 출판됨으로써 스펜서는 자신이 일반화시킨 진화의 체계가 다윈의 생물학과 동일한 과학적 타당성 위에서 발전할 수 있다고 확신하게 되었다. 그러나 새로운 생물학보다 더욱 확실한 과학적 보증을 진화 법칙에 부여하기 위해 스펜서는 힘의 보존 법칙으로부터 균질체의 불안정성을 통해 진화 현상을 연역해 내려는 헛된 희망을 품는다. 점차 정교화되어 가는 스펜서의 저작에서 그의 사유의 여정을 따라가는 사람들은 처음에는 폰 베어, 다음에는 다윈의 생물학이 자유기업과 그에 상응하는 정치적 개인주의, 그리고 자유경쟁을 합법화하는 19세기 영국의 산업사회에서 사회공학적 계획을 수행하려는 그의 견해를 과학적으로 보증하는 후원자의 역할을 담당했음을 알게 될 것이다. 이 분화의 법칙은 국가에 대립하는 개인에 대한 지지로 끝을 맺었다. 그러나 만약에 이 법칙이 명시적으로 이렇게 끝을 맺었다면 그것은 그 법칙이 은연 중에 그러한 입장에서 출발했기 때문일 것이다.

역학, 후성설의 발생학, 변이론자들의 생물학을 이들 과학의 통제를 받는 영역 너머로 확장시킨다면 이들 중 어떠한 과학도 타당성을 인정받을 수 없다. 만약 그 전제에서 분리되고 맥락에서 유리된 국소적인 이론에서 나온 결론을 그 전제에서 분리시키고 맥락에서 유리시킨 다음 인간의 총체적 경험으로, 그리고 특히 사회적 경험으로 확장시킨다면 그것은 어떤 목적을 가진 것일까? 이 목적은 현실적인 것이다. 진화론자의 이데올로기는 한편으로는 전통사회와, 다른 한편으로는 노동자들의 요구와 갈등을 일으키는 산업사회를 합리화시키기 위해 작동한다. 그것은 한편으로는 반신학적이고, 다른 한편으로는 반사회주의적인 이데올로기이다. 우리는 여기서 이데올로기를 자연적, 혹은 사회적 실체의 표상으로 보는 맑스주의자의 이데올로기 개념을 재발견하게 된다. 진실은 그 표상이 말하는 것 안에 있는 것이 아니라 그 표상이 침묵하고 있는 것 안에 있다. 물론 19세기의 진화론이 스펜서의 이데올로기로 요약되지는 않는다. 그러나 이 이데올로기는 상당히 지속적으로 언어학자와 민속학자의 연구를 물들였고, '원시적'이라는 개념에 항구적인 의미를 부여했으며, 식민지배 민족들의 양심을 거리낌 없게 만들어 주었다. 문화의 복수성을 인정하는 문화인류학이 여러 문화들 중 한 문화를 다른 문화에 대한 평가의 규범이자 다른 문화들이 성취해야 할 단계의 척도로 삼는 것이 옳지 않음을 보여 준 이후에도, 우리는 여전히 그 잔재들이 소위 '개발도상'인 사회에 대한 선진사회의 태도 안에 남아 있는 것을 발견한다. 현대의 언어학, 인류학, 사회학은 자신들의 진화론적 기원을 부정하면서 역사적 가능성의 조건이 바뀐 이데올로기는 사라진다는 사실을 보여 준다. 진화에 대한 과학적 이론은 다윈주의와 정확히 동일한 것은 아니지만, 다윈주의는 진화에 대한 과학이 형성되는 역사에서 통합적인 계기이다. 반면 진화의 이데올로기는 19세기 인간과학의 역사에서 효력을 상실한 잔재이다.

IV

우리는 몇 가지 사례 분석을 통해 과학적 이데올로기가 출현하고 구성되는 양식을 보여 주었다고 생각한다. 또한 우리는 과학적 이데올로기(idéologie scientifique)와 과학자들의 이데올로기(idéologies de scientifiques)를 혼동해서는 안 된다고 주장한다. 과학자들의 이데올로기는 과학자가 연구와 대상 설정의 방법을 체계화하기 위해, 그리고 전체 문화 안에서 과학이 다른 유형의 문화에 대해 차지하는 위치를 설명하기 위해 취하는 담론을 통해 만들어 내는 이데올로기이다. 과학자들의 이데올로기가 철학적인 이데올로기라면, 과학적 이데올로기는 오히려 철학자들의 이데올로기가 될 것이다. 그것은 과학적 문제에 대해 주제넘은 견해를 가진 일반인이 과학적임을 표방하며 만드는 담론이다. 18세기에는 자연과 경험이라는 개념이 과학자들의 이데올로기적 개념이었다. 반면 '유기적 분자'(뷔퐁Buffon)나 '존재의 사다리'(보네Bonnet)는 자연사에서 과학적 이데올로기 개념이었다.

따라서 우리는 다음과 같은 결론을 제시한다.

a) 과학적 이데올로기는 그것이 빌려온 과학성의 기준을 넘어서서 대상에 적용되는 설명체계이다.

b) 과학이 성립될 영역에는 항상 과학적 이데올로기가 과학이 성립되기 이전에 존재한다. 이와 비슷하게 과학은 항상 이 이데올로기가 넌지시 가리키는 측면에 존재한다.

c) 과학적 이데올로기는 사이비 과학이나 마술, 혹은 종교와 혼

동되어서는 안 된다. 과학적 이데올로기는 이들(사이비 과학 등)과 마찬가지로 총체성에 직접 접근하고자 하는 무의식적 요구에 의해 움직이지만, 그것은 이미 확립된 과학을 선망의 눈초리로 **곁눈질하는** 믿음이다. 과학적 이데올로기는 확립된 과학의 특권을 잘 알고 있으며 그 과학의 스타일을 모방하고자 한다.

이제 우리가 출발한 곳으로 돌아가 과학사의 실천을 밝혀 주는 과학사에 대한 이론을 제안하는 것으로 마무리를 하자.

과학을 분절된 **진실들**의 역사적 연속으로 취급하는 과학사는 과학적 이데올로기에 대해 신경 쓸 필요가 없다. 이러한 생각을 가진 역사가들은 이데올로기를 사상사가들에게, 최악의 경우는 철학자들에게 넘겨준다.

과학을 **검증의 규범**(normes de vérification)에 의한 정화의 과정으로 보는 과학사는 과학의 이데올로기에 관심을 가지지 않을 수 없다. 가스통 바슐라르는 시대에 뒤진 과학의 역사와 승인된 과학의 역사를 구별했지만, 이들은 분리되는 동시에 서로 연관되어야 한다. 진실성이나 객관성에 대한 승인은 낡은 것에 대한 배척을 품고 있다. 그러나 나중에 사라져야 할 것이 처음에 승인되지 않았다면, 검증이 진실을 나타나게 하지 못할 것이다.

따라서 이데올로기와 과학을 분리시키는 것은 과학사 안에 분명하게 보존되어 있는 일부 이데올로기적 요소들과 이데올로기를 제거시켜 성립된 과학을 연결시키려는 시도를 저지한다. 『달랑베르의 꿈』(*Le Rêve de d'Alembert*)에서 『종의 기원』을 기대하는 것이 그러한 시도의 예이다.

그러나 이데올로기와 과학이 서로 얽혀 있는 것으로 보는 관점은 과학의 역사를 진부한 역사적 사실의 나열, 다시 말해 명암의 대비가 없는 밋밋한 그림으로 만드는 것을 막는다.

과학사가는 이 두 차원에서 작업하고 그 성과를 제시해야 한다. 그와 같이 작업하여 성과들을 제시하지 못한다면, 그리고 과학적 이데올로기의 특성을 인식하지 못하고 그에 적합한 위치, 즉 서로 다른 과학성의 차원에 위치한 서로 다른 수준에서 차지하는 위치를 부여하지 못한다면 과학사는 대상에 대한 허위의식이라는 의미에서 단순한 하나의 이데올로기가 될 위험에 처한다. 이러한 의미의 이데올로기는 자신이 대상에 가까이 다가간다고 믿을수록 사실은 점점 멀어지게 되는 인식을 말한다. 자신의 계획과 문제에 대한 비판적 인식은 우선 어느 정도 거리를 두고 자신의 대상이 조작적으로 구성되었음을 아는 것이다. 그러나 이데올로기는 이러한 사실을 모른다.

사람들은 진실의 역사를 만들기 위해 환상의 역사를 만든다. 유일한 진실의 역사라는 것은 모순된 개념이라고 말한 수호돌스키는 이 점에서 옳았다.

II. 의학적 이데올로기의 예: 브라운의 체계

존 브라운(John Brown, 1735~1788)의 의학이론이 당시 큰 성공을 거둘 수 있었던 이유를 오늘날 상상하기는 힘들다. 『기하학 원론』을 모방하여 단락마다 번호를 붙인 『의학 원론』(*Elementa Medicinae*, 1780)의 명제들을 단순히 읽어 보는 것만으로는, 이 이론이 나온 영국에서조차도 이래즈머스 다윈(Erasmus Darwin)을 제외하고는 거의 평가받지 못한 유기체의 흥분가능성에 대한 이론이 어떻게 벤저민 러시(Benjamin Rush)와 더불어 대서양을 건너 필라델피아에까지 이를 수 있었는지, 파비아와 밀라노 대학의 학자들을 열광시켰는지, 그리고 낭만주의 시기의 독일에서 의사들과 철학자들을 흥분시켰는지를 거의 상상하기 어렵다.

조르주 퀴비에(Georges Cuvier)는 아주 분명하게 브라운의 이론이 독일과 이탈리아에서 호의적인 대접을 받다가 결국에는 버려진 이유를 설명한다. 그는 브라운 이전의 의사들이 할 수 있었던 것이라고는 환자의 병력에 관한 관찰 소견을 모아 몇 가지 유비의 규칙에 근거를 두고 그다지 엄밀하지 못한 예후 판정을 내리는 것 정도였다고 지적했다. 이에 덧붙여 그는 다음과 같이 말했다.

이러한 유비를 모든 경우에 적용될 수 있는 원리가 도출될 수 있는 일
반성의 단계로 끌어올리는 것이 가능하다면, 우리는 명실상부한 '의
학이론'을 가지게 될 것이다. 그러나 여러 세기 전부터 의학 분야에서
일한 천재적인 사람들이 기울인 노력에도 불구하고, 그들이 의학이론
이라는 이름하에 제시한 학설 중 어떤 것도 항구적인 차동을 얻지 못
했다. 젊은이들은 매번 열정적으로 이를 받아들인다. 왜냐하면 이러
한 학설들은 연구를 단축시키고 거의 설명할 수 없는 미로에 실마리를
주는 것처럼 보이기 때문이다. 그러나 가장 간단한 실험 하나만 해 보
아도 이내 그 학설의 잘못을 알 수 있다.

슈탈, 호프만(Friedrich Hoffmann), 부르하버(Hermann Boerhaave), 컬런
(William Cullen), 브라운의 개념들은 항상 뛰어난 정신의 시도로 간주
될 것이다. 그 개념들은 그들의 천재성이 포괄할 수 있었던 방대함을
보여 주면서 그 개념의 산출자들을 영광스럽게 기릴 것이다. 그러나
거기서 의술의 시술에 확실한 길잡이를 발견할 수 있을 것이라고 믿는
다면 잘못이다.

브라운의 의학이론은 지극히 간단하고 그 이론이 실제 진료에 도입한
다행스런 변화로 인해 앞서 말한 것과 같은 성공을 거둘 수 있었다. 그
의 의학은 다음과 같은 몇 개의 공식들로 환원된다. 생명은 생명체와
외부의 인자들 사이에서 벌어지는 일종의 싸움으로 표상된다. 생명력
은 일정한 양으로 간주되므로 그것을 느리거나 빠르게 소비하면 생명
의 종말이 지연되거나 촉진된다. 그러나 생명은 생명력의 고갈뿐 아

니라 과잉에 의해서도 죽을 수 있다. 따라서 생명활동의 강도에 관심을 집중해야 한다. 질병과 약물은 서로 대립되는 두 종류로 분류되며, 거기에 따라 생명작용은 홍분되거나 저하된다. 이 학설은 한동안 독일과 이탈리아에서 거의 열광적으로 받아들여졌다. 그러나 이 이론이 독창적인 점을 갖고 있다고 해서 이 이론의 부적절한 점, 다시 말해 기능의 변화에 영향을 미칠 수 있는 기관의 상태나 지극히 다양한 외부 요인들을 무시한 점에 대해 눈감아 줄 수 있는 것은 아니다.

뢰슐라우브(Andreas Röschlaub), 요제프 프랑크(Joseph Frank) 등과 같은 몇몇 의사들이 브라운의 이론을 수정하고 '홍분이론'이라는 일반적인 명칭 아래 다양한 이론 체계들을 제시한 것에 대해서도 거의 같은 말을 할 수 있다.

독일에서 소위 '자연철학'의 지지자들이 보다 새롭게 시도한 내용은 우리가 이미 언급한 그들의 생리학을 통해 알 수 있다. 이들 철학자들은 너무 추상적인 차원에 위치하고 있어 거의 예외 없이 세부적인 사항을 놓치고 있다. 그런데 의술은 본질적으로 세부적인 사항과 예외로 이루어져 있다. 따라서 그들은 의술의 실행에 일시적인 영향밖에는 주지 못한 것으로 보인다.[7]

퀴비에 이후에 반드시 그를 따라서는 아니지만 여러 역사가들이 브라운의 성공은 자극하고 약화시키는 상반되는 치료의 두 원

---

7   Georges Cuvier, *Histoire des progrès des sciences naturelles depuis 1789 jusqu'à ce jour*, tome 1er, Paris, Roret, 1834, pp. 313~316.

칙으로 이론을 단순화시켜 임상시술에 적용한 결과라고 설명했다. 그들은 "이 모든 원리와 병리와 진단과 치료와 화학에 관한 시시콜콜한 내용"[8]을 가르치고 배우느라 낭비한 시간에 대한 바이카르트의 풍자를 문자 그대로 받아들인 것 같다. 물론 항진(sthénique)과 쇠약(asthénique)이라는 두 가지 병적 체질과 거기에 따라 질병을 두 부류로 분류한 것은 모든 질병분류학을 뒤엎었다. 반면에 역설적으로 빈곤한 치료 전략은 처방전을 풍부하게 만드는 데 큰 역할을 했다. 경우와 용량에 따라 동일하거나 상반된 효과를 낼 수 있는 다양한 물질을 경험적으로 찾는 일은 자극설(stimulisme)의 한 결과이거나 라소리(Giovanni Rasori)의 반자극설(contrestimulisme)의 결과 중 하나였다. 그러나 이처럼 다양한 자극 인자를 적용하는 데 요구되는 규칙은 단지 두 마디 말에 포함되어 있다. 브라운의 동시대인들 가운데는 그를 방법학파에 비교하는 사람도 있었다[방법학파는 로마시대에 번성했던 의학파로 질병을 세 가지 상태로 환원시켜 의학이론을 단순화시켰다. 그들은 6개월이면 의사가 될 수 있다고 선전했다]. 갈레노스의 말에 따르면 방법학파의 창시자인 트랄레스의 테살루스(Thessalus de Tralles)는 의학을 6개월 만에 가르칠 수 있다고 선전했다는데, 1798년 리터(Ritter)의 말에 따르면 브라운의 체계로는 4주일이면 의사가 될 수 있다는 것이었다.

---

8   Melchior Adam Weikard, *Doctrine médicale simplifiée ou éclaircissement et confirmation du nouveau système de médecine de Brown*, R. J. Bertin이 이탈리아어에서 번역, Paris, Th. Barrois, 1798, p. XLVIII.

또 다른 역사가들은 이 새로운 일반병리학이 성공할 수 있었던 것은 대륙에서 새로운 철학적 생리학과 만났기 때문이라고 설명했다. 브라운은 갈바니(Luigi Galvani)와 볼타(Alessandro Volta), 그리고 동물전기 덕분에 이탈리아인들을 매혹시킬 수 있었고, 동물자기설 덕분에 독일인들을 열광시킬 수 있었다.[9] 독일인들 사이에서 브라운을 '유행시키기' 위해서는 뢰슐라우브(1768~1835)의 도움과 함께 셸링(Friedrich Schelling)이 필요했다. 뢰슐라우브의 흥분이론(*Untersuchungen über die Pathogenie*, 1798~1800)은 유기적 자연과 무기적 자연이 동일하다는 이론을 의학에 도입했다. 이것은 흥분성(excitabilité)이 우주적 차원의 자기설을 유기체에 적용한 것이라는 주장이었다(Schelling, *Erster Entwurf eines Systems der Naturphilosophie*, 1799). 특히 브라운을 가장 높이 평가한 낭만주의 시대의 의사학자 베르너 라이브란트(Werner Leibbrand)가 지적한 바처럼 흥분성의 생리학은 18세기 말의 문학과도 밀접한 관계가 있다. 괴테의 『베르테르』에서부터 노발리스의 『밤의 찬가』에 이르기까지 당대의 문학에는 다양한 '감수성'을 지닌 인물들이 등장하기 때문이다. '쇠약'(asthénique)이라는 개념을 만들고 대부분의 질병을 '쇠약'으로 환원시킴으로써 브라운은 문학작품 속의 주인공들이 내쉬는 무기력한 한숨에 의학적인 근거를 제공했다.

---

9   홈볼트(Alexander von Humbolt)는 그의 책 *Expériences sur le galvanisme*에서 브라운을 두 차례 암시한다(Jean-Nicolas Jadelot의 불어 번역판, Paris, 1799, p. 9와 p. 219).

베도스(Thomas Beddoes)는 브라운의 의학적 지식은 보잘것 없었다고 말했다. 그는 '신경증'이라는 개념을 만든 윌리엄 컬런 (1712~1790)의 가르침을 받았다. 컬런에 따르면 신경계는 활력의 근 원이고 신경액은 다양한 정도의 운동성(흥분excitement 혹은 허탈 collapsus)을 가지며 인간의 거의 모든 질병은 신경질환이다.[10]

글리슨(Francis Glisson, 1597~1677)으로부터 브루세(François Brous-sais)에 이르기까지 자극(irritation)과 자극성(irritahilité)의 개념에 대한 역사는 샤를 다랑베르(Charles Daremberg), 앙리 마리옹(Henri Marion), 에밀 글레이(Emile Gley), 오세이 템킨(Owsei Temkin) 같은 역사가들 이 연구한 바 있다. 그들은 증진(incitation), 흥분(excitation), 자극(stim-ulus)과 같은 개념들이 어떻게 초창기 신경생리학과 감각심리생리 학에서 형성되고 적용되었는지를 보여 주었다. 할러(Albrecht von Haller)가 자극성을 근육과 그 부속기관에 고유한 성질로 제한한 반 면 비샤는 그것을 구조와 관련된 서로 다른 동물조직의 특성으로 보았기 때문에 의학계 내에 다소간의 혼동이 초래되었다.[11] 브라운

---

10 "뇌의 흥분과 허탈에 대해 내가 방금 말한 바에 따르면 생명이 육체적인 현상인 한에 있어 생 명은 신경계통, 특히 다양한 부분을 하나의 전체로 통합하는 뇌의 흥분임이 분명하다. 그러나 몸의 다른 기능들도 이 흥분을 유지시키기 위해 필요하다. 따라서 죽음의 원인은 두 가지이다. 하나는 신경계에 직접 작용하여 흥분을 파괴하는 것이고, 다른 하나는 흥분의 유지에 필수적 인 기관이나 기능을 파괴하여 동일한 효과를 얻는 것이다. 우리는 아주 강하게 작용하는 잠의 원인을 첫 번째 종류에 연결시킬 수 있다. 거기에는 추위, 진정작용, 독약, 그리고 모든 종류의 과도한 흥분이 포함된다."(컬런의 *Physiologie*, 제3판 번역 trad. M. Bosquillon, Paris, Th. Barrois, 1785, 2부, 3장, CXXXVI)

11 브라운에 대한 내용과 비샤, 퀴비에, 플루랑(Jean Pierre Flourens) 등이 자극성, 고무성, 흥분성 등의 용어를 어떻게 다르게 받아들였는가를 알기 위해서는 뒤트로셰(Henri Dutrochet)가 조프 루아 생틸레르(Étienne Geoffroy Saint-Hilaire)에게 보낸 편지를 참고하라(1822년 8월 12일자). J. T. Schiller, *Henri Dutrochet, le matérialisme mécaniste et la physiologie générale*, Paris, A. Blanchard, 1977, pp. 196~197.

은 컬런과 마찬가지로 호프만의 기계론적 전통의 연장선상에 서 있다. 그는 자신도 모르게 자극하다(irritare), 증진하다(incitare), 충동하다(exsistimilare), 활기를 주다(vigorare) 등의 용어를 같은 의미로 본 글리슨(*Anatomia hepatis*, 1654)의 단순한 견해로 돌아갔다. 브라운은 유기체가 정해진 분량의 증진성, 다시 말해 강력한 자극이나 촉진에 의해 병에 걸릴 수 있는 가능성을 갖고 있다고 말했으나 그 주장을 정당화하거나 증명하는 데는 어떤 관심도 기울이지 않았다. 그는 원칙적으로 이 차이를 생명과 생명이 없는 물질 사이의 차이로 보았다. 라이브란트는 적절히 여기서 문제는 공리의 힘이라고 말했다. 이 공리에 따라 브라운은 모든 생명체와 모든 생명현상을 동일하게 환원시켰다. 그것은 동물과 식물의 동일성(정리 9와 318), 농학과 의학의 동일성(정리 2), 신경과 근육의 동일성(정리 48), 건강과 질병의 동일성(정리 65)이었다. "동일한 힘이 모든 생명현상을 만든다."(정리 110) "자연계에 있는 만물은 오직 하나인 유일한 기관(organ)의 작품이다."(정리 327) "자연은 질병과 죽음을 주관하는 것과 동일한 힘으로 건강과 생명도 주관한다."(정리 328) 이와 같이 하여 브라운은 자신을 의학의 뉴턴(정리 244의 각주, 정리 328)으로, 다시 말해 처음으로 의학이론에 정밀과학과 같은 정확성을 부여한 인물(정리 312)로 제시할 수 있었다.

프랑스는 브라운의 이론이 의사들 사이에서 가장 성공을 거두지 못한 나라이다. 오히려 그의 이론은 푸르크루아 같은 화학자들 사이에서 성공을 거두었다. 그것은 프랑스 혁명기의 의사들이 임상적 관찰방법에 더 관심을 가졌고(브라운은 증상은 실재적인 것이 아니며 아무것도 알려 주지 못한다고 했다. 정리 661, 정리 234의 각 주와 정리 504도 참조), 질병분류학에 충실했으며, 카바니스의 업적에 지배되는 전(前)실증주의적 의학의 이데올로기에 영감을 받았기 때문이다. 반면 독일에서는 예카테리나 2세의 의학자문관인 바이카르트가 1796년에 브라운의 저서 『의학 원론』 번역판을 내기 이전에 그 내용의 요약판을 출판했다. 프랑스에서는 1805년에 가서야 푸키에(Pierre Fouquier), 베르탱(R. J. Bertin), 라퐁-구지(Gabriel Grégoire Lafon-Gouzi)의 번역으로 책 전체가 번역되어 출판되었다. 이 번역본의 출판 이전에는 북부 이탈리아로 진군한 나폴레옹의 군대에 속한 군의관들이 만든 요약판을 이용했다. 따라서 브라운의 이론에 점령당한 이탈리아가 거꾸로 점령자들을 [브라운주의자로] 개종시켰다. 그러나 파리의과대학은 의무부대에 의해 점령되지 않았다.

그러나 이러한 설명은 본질적인 요인을 빼놓고 있다. 사실 당시 프랑스의 의과대학은 파리와 몽펠리에를 막론하고 생명현상에 대해 그들이 일반적으로 가진 개념으로 인해 브라운의 이론을 받아들일 수 없었다. 라이브란트는 생기론이 장애물이었다는 사실을 알았다. 브라운은 『의학 원론』 정리 72에서 다음과 같이 말했다.

지금까지 내가 말한 바에 따르면 생명은 강요된 상태임이 확실하다.[12] 그리고 매 순간 모든 생명체는 자기파괴를 향해 나아간다. 생명체는

---

12   라틴어 원문: vitam coactum statum esse. 영문: life is not a natural, but a forced state.

짧은 시간 동안 외부 힘의 도움으로 힘들게 유지되며, 마침내는 운명적 필연성에 굴복한다.(정리 328)

우리는 우리 자신으로는 아무것도 아니며 절대적으로 외부의 힘에 복종한다는 이 학설의 근본적인 원리를 우리가 망각할 수 있을까? (정리 609)

이러한 주장이 몽펠리에 학파를 통하여 슈탈의 이론에 친근감을 가진 사람들, 다시 말해 혼합물과 생명체를 구별하고, 정신은 해체와 화학적 구성 요소들의 부패에 맞서 유기체의 온전함을 지켜 주는 생명의 원리라고 생각하는 사람들에게 불러일으킨 반응을 예상하기는 어렵지 않을 것이다. 더구나 생명은 죽음에 저항하는 기능의 총체라고 가르친 비샤 측의 반응은 더욱 말할 나위도 없다. 브라운은 이미 비샤의 반대를 예견했다. 그리고 비샤보다 훨씬 이전에 브라운은 "시체를 열어 보라"[13](정리 84)고 말했으나 그는 해부병리학을 예기하지 않았다. 또 그는 모르가니(Giovanni Battista Morgagni)를 찬양했으나 실제 해부는 거의 하지 않았다. 모르가니는 비샤와 마찬가지로 유기체를 조직으로 해체해 거기에서 생명체에 고유한 특성들을 구별하였다. 브라운은 자신이 "인간의 몸을 하나의 전체"(정리 232 각주, 정리 305 각주)로 간주하고 그렇게 다룬 최초의 의사라고 자만했다. 부분들의 조화(consensus partium)라는 개념도 그에게는 지나치게 분석적인 개념으로 여겨졌다. 시드넘(Thomas

---

13   라틴어 원문: Cadavera incidas.

Sydenham)에 대한 묘한 뉘앙스의 칭찬에 뒤이어 다음과 같은 비난이 뒤를 따른다. "그는 하나의 전체이자 의학의 고유한 대상으로 여겨지는 살아 있는 유기체를 탐구하는 과학에 대해서 생각한 바가 없다."(정리 406 각주) 마지막으로 그는 동물이나 식물에 관계없이 모든 생명체에서 한 가지 존재양식만을 인정함으로『생명과 죽음에 대한 생리학적 연구』[비샤의 저서]에서 제시된 식물적 생명과 동물적 생명 사이의 유명한 구별을 사전에 거부했다.

따라서 간략하게나마 브라운의 의학적 실천을 지지하는 생명에 대한 이론을 재구성할 필요가 있다. 그것은 어떻게『의학 원론』이 프랑스인들을 불쾌하게 만든 동시에 총체성과 극성이라는 개념에 민감한 낭만주의적 독일인들의 마음에 들었는지를 보다 잘 이해하기 위해서 필요한 일이다. 특히 브라운은 극성을 자극과 연약함 사이의 갈등으로 표현한다. 의사학자인 샤를 다랑베르는 다음과 같이 썼다. "우리나라(프랑스)에서는 브라운이 브루세에 의해 이내 빛을 잃었다."(*Histoires des sciences médicales*, 1870, p. 1141) 브라운이 자극을 치료방법[14]으로 보는 것과는 달리 브루세는 자극을 해로운 것으로 보았다. 그리고 브루세는 유기체가 보이는 정상적이고 병적인 현상은 강도에 있어 차이가 있을 뿐이지 본질적으로는 동일

---

14 브루세는 브라운과는 정반대의 결론으로부터 동일한 이론적 공리를 끌어내고 있다. "브라운의 모든 환자는 운동선수가 될 운명을 띠고 있다. 브루세의 모든 환자는 유리 같은 몸의 상태가 될 것이다. 브라운의 손으로부터 홍옥을 끄집어내고, 브루세의 손에서는 수의 같은 하얀 손이 빠져나온다. 브라운에게 있어 홍분은 치료이며, 브루세에게 자극은 나쁜 것이다. 한쪽은 피를 아끼고 다른 쪽은 피를 흘러가게 둔다. 브라운은 불을 붙이고 부채질을 하나 브루세는 사방에서 화재를 보고 그것을 끄려고 한다."(Ch. Daremberg, *Histoires des sciences médicales*, p. 1121)

한 현상이라고 보았다. 병리학과 생리학의 구별을 없애는 이 원리는 마장디(François Magendie), 오귀스트 콩트, 클로드 베르나르가 받아들인다. 이 원리는 베르나르와 다른 이들에게 하나의 이데올로기가 된다. 그것은 의학의 무제한적 능력에 대한 이데올로기이자 히포크라테스주의로부터[15] 완전히 벗어난 의학의 이데올로기이다. 그것은 19세기까지 연장된 존 브라운 주장의 반향이다. "홍분시키거나 약화시켜야 한다. 무위(inaction)란 있을 수 없다. 자연의 힘을 신뢰하지 말라."(정리 95와 정리 598 각주 참조)

참고문헌

Doctrine Médecine simplifiée, ou Éclaircissement et Confirmation du Nouveau Système de Médecine de Brown. Dr. Weikard, Joseph Frank 주, René-Joseph Bertin 이탈리아어에서 불어로 번역, Paris, Barrois, An VI, 1798.

Eléments de Médecine de John Brown, Fouquier에 의해 라틴어 원문에서 번역, Paris, Demonville-Gabon, An XIII, 1805.

Beddoes (Thomas), *Observations on the Character and Writings of John Brown*, London, 1795.

Daremberg (Charles), *Histoire des Sciences Médicales*, Paris, J. B. Baillière, 1870, pp. 650~672, 1102~1156.

Gley (Émile), "L'irritabilité", *Dictionnaire encyclopédique des sciences médicales*, 4e série, t. XVI(1889). *Essais de philosophie et d'histoire de la biologie*, Paris, Masson, 1900, pp. 1~86에 재수록.

Leibbrand (Werner), *Die Speculative Medizin der Romantik*, Hamburg, Claassen Verlag, 1956.

---

15 이 이데올로기의 계보는 다음의 의학박사 논문을 참조하라. *Le Normal et le Pathologique*, Paris, P.U.F., 1966, pp. 26~31.

Marion (Henri), "Francis Glisson", in *Revue Philosophique*, août 1882, pp. 121~155.

Risse (Günter B.), "The Quest for certainty in medicine : John Brown's System of Medicine in France", *Bull. of the History of Med.* XLV, num. 1, 1970.

Risse (Günter B.), "The Brownian System of Medicine : Its theoretical and Practical Implications", *Clio Medica*, V, num. 1, 1970.

Rossi (Ennio), "Giovanni Rasori (1766~1837), or Italian Medicine in Transition", *Bull. of the History of Med.* XXIX, num. 2, 1955.

Temkin (Oswei), "The classical roots of Glisson's doctrine of irritation", *Bull. of the History of Med.* XXXVIII, num. 4, 1964.

Tilliette (Xavier), *Schelling. Une philosophie en devenir*, t. I, Paris, Vrin, 1970.

Tsouyopoulos (Nelly), "Die neue Auffassung der Klinischen Medicin als Wissenschaft unter dem Einfluss der Philosophie im frühen 19. Jahrhundert", *Berichte zur Wissenschaftsgeschichte*, I, 1978, pp. 87~100.

III. 세균학이 19세기 말의 의학이론에 미친 영향

과학사를 살펴보면 성공적인 기술의 적용과 그 적용이 정당하다는 것을 입증할 결정론적 설명틀을 제공할 수 없다는 이유로 그 시술에 반대하는 동시대의 이론 사이에 갈등이 생기는 경우가 있다. 이러한 사례는 많은 교훈을 준다.

19세기 스위스의 의사 오디에(Louis Odier, 1748~1817)는 우두 (cowpox)라는 말을 대신할 '백신'(vaccine)이라는 새로운 말을 제안했다. 이미 여러 해 전에 제너(Edward Jenner)는 우두[소의 천연두]가 인두[사람의 천연두]를 예방하는 효과가 있는 상대적으로 덜 해로운 질병임을 보여 주었다. 우리는 우두접종이 점차 인두접종을 대체하였으며, 그것이 역사상 처음으로 어떤 질병에 실제로 효과적인 치료법이었으며, 또 우두법이 인간 삶의 육체적, 정신적 조건을 크게 변모시키는 능력을 입증했다는 사실을 안다. 그러나 당대의 어떤 의학이론체계도 통계적으로 측정 가능한 이러한 성공을 정당화하는 동시에 일부 실패의 원인을 제대로 설명하지 못했다.[16] 당대에 이미 이런 실패는 소위 '백신물질'이 급격히 변질된 탓에 초래되었다는 설명이 제시되었다. 이해할 수 없으면 비난하기 쉽다. 영국의 어떤 의사는 다음과 같이 항변했다. "자연의 일상적 진행 과정을 변경시킬 능력이 인간에게 있는가?"(롤리Rowley, 『백신의 무효력과 위험성』)[17]

백신이 자연의 정상적인 운행을 유도하고 그것을 이용하는 것에 지나지 않는다는 사실을 당시에 누가 상상이나 했겠는가? 자연의 정상적인 능력이 언젠가 이해되고 화학자의 인공적 창조물에 의해 배가되리라는 것을 당시에 누가 상상할 수 있었겠는가? 백신요법과 이를 뒤이은 혈청요법이 사실은 화학요법에 의해 설명되리라는 것을 누가 예상할 수 있었겠는가?

18세기가 19세기에 전달해 준 의학이론은, 더욱 정확히 말하자면 의학체계는 보다 나은 이론 앞에 굴복한 것이 아니라 화학이 가르쳐 준 치료술의 혁명 앞에 굴복했다. 로랑(Auguste Laurent)과 베르틀로(Marcellin Berthelot)는 화학은 대상을 창조하는 능력이 있다고, 다시 말해 자연의 일상적인 운행 과정을 변경시킬 수 있다고 말했다. 파울 에를리히(Paul Erlich)는 1세기 후에 에드워드 제너가 옳았

---

16 이 시기 스페인 의사들의 독창성은 주목할 만하다. 먼저 백신이 파리에서 스페인으로 수송되었으며 그것을 스페인의 모든 식민지로 보내기 위해 다음과 방법이 사용되었다. 1803년 11월 접종을 받지 않은 22명의 아이를 배에 실었다. 이 중 첫 번째 아이는 출발 시에 접종을 하였고, 두 번째 아이는 항해 중에 첫 번째 아이의 농포에서 고름을 취해 접종했다. 이런 식으로 계속 접종을 하여 남미까지 운반해 갈 수 있었다. 3년 후 왕의 주치의였던 발미스(Francisco Javier de Balmis)는 왕에게 스페인의 모든 식민지에서 우두법이 시행되고 있다고 보고했다(Paul Hauduroy, *Microbes*, Lausanne, Rouge et Cie, 1944, p. 73 sq. 참조). 이 파견대는 많은 연구의 대상이 되었다. 가장 최근의 연구로는 Michael M. Smith, "The 'Real Expedicion Maritima de la Vacuna'", *New Spain and Guatemala, Transactions American Philosophical Society*, vol. 64, part I, Philadelphia, 1974.

17 *Ibid.*, p. 55.

음을 입증했다. 그러나 이 과정이 우회를 거치지 않고 이루어진 것은 아니다. 역사에서와 마찬가지로 의학에서도 그 진행의 길이 곧게 나 있는 경우는 거의 없다는 사실을 인정하기 위해 헤겔주의자가 될 필요는 전혀 없다.

* * *

고대의학, 특히 희랍의학과, 베살리우스(Andreas Vesalius)와 하비(William Harvey)가 시작하고 베이컨(Francis Bacon)과 데카르트가 찬양한 근대의학의 차이를 단순화시키자면 전자가 사변적이라면 후자는 작용적(opérative)이라고 할 수 있을 것이다. 고대의학은 우주적 질서와 유기체의 균형 사이의 동형적인 상응에 토대를 두고 있으며, 자연치료와 지지요법을 존중하며 장애를 교정하는 자연적인 능력을 지닌 치유하는 자연의 모습을 보여 준다. 근대의학은 적극적 개입주의이다. 베이컨은 의학이 화학을 통해, 그리고 데카르트는 역학을 통해 가르침을 받기 원했다. 그러나 코페르니쿠스 혁명으로 분리되는 두 시기와 그 결정적인 결과 사이의 차이는 철학적인 것으로만 남으며, 실제로 사회적인 차원에서 사람들의 건강이나 질병에는 별반 영향을 미치지 못했다. 건강을 유지하고 노화를 피하거나 적어도 지연시키려는 베이컨과 데카르트의 공통적인 계획은 실질적으로는 아무런 주목할 만한 결과를 낳지 못했다. 말브랑슈(Nicolas Malebranche)가 처음으로, 마리오트(Edme Mariotte)가 두 번째로 '실험의학'이라는 말을 할 수는 있었으나 이 기표가 그에 상응하는 의미를 얻기까지는 상당한 시간을 기다려야 했다. 18세기의 의학은 증상학이었으며 박물학자들의 자연분류체계에 겹쳐져 있는 질병분류학이었다. 의학의 병인론은 고대의 고체병리설과 체액병리설을 부활시키면서 물리학의 새로운 실험이나 새로운 개념(인력이나 전기이론)에 의거하거나, 혹은 반대로 의학을 기계론적으로 보는 견해에 반대하는 형이상학적 차원의 이론이 의거하고 있는 체계들에 흩어져 있었다. 치료에서는 회의적인 절충주의와 완고한 독단주의 사이를 왕복하고 있었으나 경험주의 이외에는 별다른 근거가 없었다. 요컨대 의학은 비극적이게도 자신의 계획을 실현시킬 수 없는 무능력한 상태에 있었다. 의학은 여전히 공허한 담론이었으며 흔히는 마법에 속할 치료방법에 사로잡혀 있었다. 프로이트(Sigmund Freud)가 고대의학에 대해 말한 사실, 즉 고대에 유일하게 가능한 치료는 정신치료였다는 말은 18세기뿐 아니라 19세기에도 상당 기간 사실이었다. 그것은 많은 경우 질병은 불안에서 만들어졌기 때문에 의사의 존재와 그의 인격 자체가 환자의 질병을 치료하는 주된 치료 수단이었음을 의미한다. 이러한 이유로 18세기 중엽에는 자연치유와 무엇보다도 환자에게 해를 가하지 말라(primum non nocere)는 원칙을 가진 히포크라테스주의로의 회귀가 일어났다. 당시 의사들의 주된 치료 대상이 어린 시절의 많은 치명적 질병(이질이나 영양 결핍)이나 감염성 질환(결핵, 티푸스 등)에서 성공적으로 살아남은 저항력 있는 건강한 성인이라는 점을 고려하면 이러한 회귀는 타당한 것으로 보인다. 우리는 전쟁이나 기근을 제외하고도 이러한 질병이 인간의 평균 수명에 미치는 영향을 잘 알고 있다. 의학의 이론과 의사의 치료 행위 사이에 존재하는 이러한 통탄할 만한 간극은 왜 질병과 요절이 인간의 한계에 대한 가장 심각한 증언인가 하는 사실을 설명해 준다. 18세기의 철학자들이 신적 정의를 이성의 법정에 세웠을 때 바로 이 사실을 지적했다.

그런데 18세기 말과 19세기 초에 이러한 상황을 바꾸는 일련의 사건이 일어났다. 유럽의학의 새로운 상황은 다음과 같은 세 가지 현상으로 나타났다. 1) 미셸 푸코가 임상의학의 탄생이라고 명명한 제도적 차원과 문화적 차원의 사건이다. 이것은 빈과 파리에서 일어난 병원의 개혁인데 여기에서 타진(아우엔브루거Leopold Auenbrugger와 코르비사르Jean-Nicolas Corvisart), 청진(라에네크), 그리고 증상에 대한 관찰을 해부병리학적 사실과 체계적으로 연관시키는 작업이 이루어졌다. 2) 아커크네히트가 강조한 바와 같이[18] 프랑스에서와 마찬가지로 오스트리아에서도 치료에 대한 회의주의가 지속되었을 뿐 아니라 강화되었다. 3) 생리학이 전통적 해부학의 속박에서 점차 벗어나 자율적인 의학의 한 분야로서 등장했다. 당시의 생리학은 조직의 수준에서 문제를 탐구했는데 곧 그것이 세포 수준으로 내려갈 것이라는 사실을 알지 못했다. 그리고 물리학과 화학에서 학문의 모델을 찾았을 뿐 아니라 이들 학문을 보조적 수단으로 활용했다.

새로운 질병, 특히 호흡기병리학(폐의 부종과 기관지 확장)과

18　Erwin Ackerknecht, *Therapie*, Stuttgart, Enke, 1970. "Die Therapie in Fegefeuer während des 19. Jahrhunderts", *Osterreichische Arztezeitung*, XXIV, 5, März 1969. "Aspects of the History of Therapeutics", *Bulletin of the History of Medecine*, XXXVI, 5, sept.-oct. 1969.

심장의 병리(심근염)가 확인되고 구별되었다. 예전의 처방들은 효과도 없이 남발되었다는 이유로 평가절하되었고, 의학이론들은 경쟁되는 이론들에 의해 불신을 받았다. 이렇게 해서 새로운 의학의 모델을 위한 계획이 마련되었다. 이 새로운 모델은 체계에 근거를 두지 않고 사실의 수집과 가능하다면 실험에 의해 확인할 수 있는 법칙의 수립을 목표로 한다. 이러한 지식은 효과적인 치료에 적용될 수 있는 지식으로 전환되는 것이 바람직하며 그 적용 범위는 비판적 의식에 의해 인도되어야 한다.

프랑스에서 이러한 모델의 수립은 브루세, 마장디, 클로드 베르나르에 의해 차례로 시도되었다. 의학사의 전통적인 판단과는 달리 이러한 생리학적 의학 모델에 대한 생각이 이데올로기 차원으로만 남아 있었다는 사실을 입증할 수 있다. 그리고 이러한 기획이 성취되었다면 그것은 이런 기획의 입안자들이 생각했던 것과는 아주 다른 길과 우회로를 통해 이루어졌다는 것도 입증할 수 있다.

* * *

18세기에서 19세기로 넘어오면서, 하나의 의학체계(아마도 마지막이 될 거대한 체계)가 유럽의 병원과 의과대학으로 퍼져 나갔으며, 이탈리아와 오스트리아에서 지지자들을 모으고, 독일에서는 낭만주의 철학자들과 자연철학적 성향의 의사들을 열광시켰으며 셸링뿐 아니라 노발리스에게도 우주적 설명 모델을 제공해 주었다. 그것은 브라운의 체계였다(*Elementa medicinae*, 1780; *The Elements of Medicine*, 1795). 그것은 유기체의 흥분가능성에 대한 이론이자 과도활력증과 무력증에 관한 학설이었으며, 극단적 자극에 의한 치료법이었으며 극단적인 반자연주의에 근거한 의학이었다. 그 의학 체계는 다음과 같은 두 정리를 고수한다. 첫 번째는 "생명은 강요된 상태"(정리 72)라는 것이고, 두 번째는 "아무것도 하지 않아서는 안 된다. 자연의 힘을 신뢰하지 말라. 자연은 외부의 도움이 없이는 아무것도 하지 못한다"(정리 95)는 것이다.

　브라운의 학설을 비샤의 가르침과 결합시켜 보자. 브라운에게 있어 질병은 유기체 내부에 있는 어떤 존재가 아니라 유기체와 환경의 관계이다. 비샤는 해부용 칼을 손에 들고 질병은 조직의 변성이라는 사실을 보여 준다. 이렇게 우리는 진정으로 인과론적인 병리학의 원리를 얻게 된다. 그것은 본질주의적이고 다원주의적인 모든 질병론에 반대하는 일원론적 질병론이다. "생리학적 의학의 진보를 따라간 의사에게 폐, 가슴, 고환, 자궁경부 등의 이상을 각각의 개별적 존재로 보던 시대는 이미 너무나 멀어진 과거이다. 골육종, 풍극증(spina ventosa), 폐렴, 만성위염은 다른 원리에 따라 발병되지 않는다. 진정한 관찰자는 거기에서는 악의 본질을 전혀 변화시킬 수 없는 조직의 자극만을 볼 수 있다."[19] 이 악이란 바로 염증, 다시 말해 과잉자극이며 모든 유기체 생존에 정상적 조건이다.[20]

19　Broussais, *Histoire des phlegmasies*, 1822, tome I, p. 55. 브루세는 원인과 결과 관계의 동일성을 '본질'이라는 말로 표현했을 따름이다. 이 『염증론』(*Histoire des phlegmasies*)의 초판은 1808년에 나왔다.

20　"기능의 조화를 교란시키고 조화가 정착된 조직을 해체시킬 유기체 운동의 모든 국소적 흥분은 염증으로 간주되어야 한다." *Ibid.*, p. 63.

따라서 치료는 혈액을 배출시키는 것이 되어야 한다. 전신적인 배출은 사혈법을 쓰고 국소적인 배출은 거머리를 쓴다. 이 체계적 치료가 어떤 규모로, 어떤 인구집단에 적용되었는가는 측정이 가능하다. 1820년에 프랑스는 약 백만 마리의 거머리를 수출했다. 그런데 1927년에는 삼천삼백만 마리 이상의 거머리를 수입했다.[21] 이것이 간단히 소개한 브루세(1772~1838)의 '생리학적 의학'이다. 이 표현은 논쟁적인데 그것은 이 표현이 비샤가 일신한 해부병리학의 성과를 다소 깎아내리려는 의도를 갖고 있기 때문이다. 각 부위의 장기에 대한 해부학을 조직층의 해부학으로 대신하는 것으로는 충분하지 않다. 거기에 더하여 왜, 그리고 어떻게 변성이 다른 것이 아닌 그러한 조직학적 구성을 갖게 되었는가를 탐구해야 한다. 그리고 어떤 혼란 상태에서는 그 자체로는 자연적이고 정상적인 과정의 효과가 우연적으로 과도하게 증폭되어 나타난다는 사실도 인정해야 한다.

특별히 강조하지 않더라도 7월 혁명이 일어난 1830년에 정점을 맞은 이 이론의 전파와 인기는(공화정을 지지한 브루세의 정치적

---

21 E. H. Ackerknecht, *Medicine at Paris Hospital, 1794~1848*, Baltimore, 1967, p. 62. 브루세의 신랄한 비판자인 오댕-루비에르(Joseph Marie Audin-Rouvière) 박사는 자신이 쓴 건강서 『의사 없는 의학』(*La médecine sans le médecin*)에서 자신의 독자들을 "이 보기 흉한 파충류의 고통스럽고 구역질 나는 자국"으로부터 보호하기 위해 다음과 같이 썼다. "외국의 상인들과 무자비한 투기꾼들이 전 프랑스에 거머리가 득실거리도록 만들었다. 그들이 이해할 수 없었던 것은 곧 프랑스의 거머리가 모자랐다는 점이다. 우리나라의 늪이나 연못은 이 미친 듯한 시장이 필요로 하는 양을 거의 제공할 수 없었다. 스페인, 폴란드, 이집트, 이탈리아, 터키와 같은 고마운 우리의 우방은 우리 피를 빨아먹을 이 고약한 동물을 우리나라에 수출했다. 따라서 이제는 스페인, 이탈리아, 이집트, 폴란드, 터키의 거머리들이 앞다투어 프랑스인들의 피를 빨아먹었다." 그리고 각주에는 다음과 같은 말도 있다. "생마르탱 운하 근처에는 '외국산 거머리 교역소'라는 명패가 붙은 집도 있다."(*Op. cit.*, 12e éd., Paris, 1829, p. 46)

견해는 대중적 인기를 얻고 있었다) 1832년 콜레라 대유행에서 살아 남지 못했다. 루이(P. C. A. Louis, 1787~1872)가 시작하고 옹호한 의학 통계학은 이미 브루세의 치료법이 병원에 있는 자신의 동료들보다 결코 나은 치료 성적을 얻지 못했다는 사실을 보여 주었다.[22] 한편 으로 모든 병적 과정을 동질적으로 보는 이론은 콜레라를 설명하 지 못했다. 다른 한편으로 항플로지스톤 치료법은 콜레라를 치료 하기에는 무력한 것으로 드러났다. 오늘날에는 그 이유를 쉽게 알 수 있다. 입원환자의 2/3가 사망했다는 사실을 인정하도록 압력을 받은 브루세는 비판자들에 대해 자신의 개인 환자들의 치료는 성 공적이었다는 사실을 상기시켰다. 그러나 그의 가장 유명한 환자, 즉 루이 필립 왕의 총리였던 카시미르 페리에(Casimir Périer)의 사망 은 생리적 항자극제 치료법의 체계적 사용을 결정적으로 재고하도 록 만들었다.[23]

따라서 우리는 클로드 베르나르가 생리학을 과학적 의학의 토 대를 이루는 기초과학으로 옹호하고 입증하려고 노력했을 때, 그 것을 브루세의 실패한 시도와 구별하려고 그토록 애쓴 이유를 이 해하게 된다. 베르나르는 브루세의 시도를 경멸적 의미로 '체계' 라고 불렀다. 베르나르는 이 생리학이 "유한하고 폐쇄적이며 체계 화된 생리학으로 모든 사실들을 하나의 개념으로 이끈다"고 보았

22 Jacques Piquemal, "Succès et décadence de la méthode numérique en France à l'époque de Pierre-Charles-Alexandre Louis", *Médecine de France*, 1974, num. 250, pp. 11~12, 59~60.

23 J. Piquemal, "Le choléra de 1832 en France et la pensée médicale", *Thalès*, 1959, pp. 27~72. 이 글 의 마지막을 참조하라. "카시미르 페리에의 영구차는 사실상 그와 함께 브루세의 '생리학주의' 의 죽음을 가져왔다."

다.[24] 그와 반대로 "실험의학은 실험생리학에 토대를 두어야 한다". 요컨대 브루세는 병리학과 생리학의 관계를 '보는 방식'[25]에 진보를 가져왔을 뿐이다. 그렇지만 이 관계에 대한 실험적 해명은 새로운 '작용 방식'을 가져올 것이다.[26]

* * *

베르나르가 계몽철학의 연장선상에서 체계라고 명명하는 것은 '의학적 이데올로기'라고 이름 붙이는 편이 나을 것이다. 과학적 이데올로기(아직 논란의 여지가 많은 명명이지만)라는 말은 당대 과학의 발달과 나란히 가면서 동시에 현실적인 차원의 요구로 인해 현재 이루어진 연구의 성과를 넘어서는 주장을 하게끔 압력을 가하는 어떤 유형의 담론을 의미한다. 그 결과 이루어진 담론은 거만한 동시에 부적절하다. 그것이 거만한 이유는 이제 막 시작한 단계인데 결론에 도달했다고 믿기 때문이다. 또 부적절한 이유는 이데올로기의 약속이 과학에 의해 지켜진다면 그것은 이데올로기와는

---

24   Bernard, *Principes de Médecine expérimentale*, 1947년 L. Delhoume에 의해 출판, 13장, Lausanne, Alliance culturelle du Livre, 1962.

25   *Ibid.*, p. 211.

26   *Ibid.*, p. 189, p. 406. 클로드 베르나르는 병리학이 생리학으로부터 감시되고 가르침을 받아야 한다는 생각을 당대의 임상의사들에게 퍼트리는 데 성공했다. 또 그는 실험생리학이 선험적 생리학보다 우월하다고 주장했다. 유명한 『실험의학연구서설』이 출판된 이듬해 샤르코 (Jean-Martin Charcot)는 『노인의 질병과 만성질환에 대한 임상강의』(*Leçons cliniques sur les maladies des vieillards et les maladies chroniques, Oeuvres complètes de J. M. Charcot,* VII, pp. III~XXXIII)의 서문에서 베르나르에게 감사를 표한다. 또한 그는 자신의 친구 브라운-세카르(Charles-Édouard Brown-Séquard)가 아일랜드의사협회에서 (1865년 2월) 행한 「생리학을 의학과 외과학에 적용하는 문제의 중요성에 관하여」라는 제목의 '뛰어난 강연'을 언급한다.

다른 방식으로 다른 영역에서 이루어지기 때문이다.

브루세가 약속했던 것을 한쪽 구석에서는 누군가가 벌써 실행하고 있었다. 이 사람은 또 "의학은 병든 사람의 생리학일 뿐이다"[27]라고 주장했다. 그는 브루세가 『염증론』(1808)을 쓴 이듬해 『척수에 대한 일부 식물의 작용에 대한 검토』(*Examen de l'action de quelques végétaux sur la moelle épinière*)를 출간했다. 그는 또한 브루세가 『생리학적 의학 연보』(*Annales de la médecine physiologique*)를 창간하기 1년 전에 『실험생리학 잡지』(*Journal de physiologie expérimentale*, 1821)를 창간했다. 그리고 그는 찰스 벨(Charles Bell)의 발견(1811)을 증명하는 「척수신경뿌리의 기능에 관한 실험」(*Expériences sur les fonctions des racines des nerfs rachidiens*)이란 논문을 이 잡지에 발표했다. 이 사람, 즉 프랑수아 마장디(François Magendie, 1783~1855)가 발표한 연구의 제목은 의학연구의 새로운 방향을 예고하고 있다. 브루세가 처음에는 군병원에서, 그리고 나중에 민간병원에서 일했다면 마장디는 병원의사인 동시에 실험실 연구자였다. 마장디에게 있어 실험생리학은 흡수와 같은 생명의 물리적 현상을 연구하는 것이었다. 그는 새롭게 분리된 화학물질, 특히 알칼로이드의 약동학적 성질을 검사하기 위해 체계적인 동물실험을 수행했다. 1821년에 출판된 마장디의 『처방집』(*Formulaire*)은 '마전자, 모르핀, 청산, 스트리크닌, 베라트린, 요오드, 기나피 알칼리와 같은 약물의 조제와 투

---

27 부이요(Jean-Baptiste Bouillaud)의 *Essai sur la philosophie médicale et sur les généralités de la clinique médicale*, 1836, p. 69에 인용됨.

여'라는 부제를 달고 있다(여기서 기나피quinquinas는 펠르티에Pierre Joseph Pelletier와 카방투Joseph Bienaimé Caventou의 퀴닌quinine, 1820).

요컨대 마장디와 더불어 실험의학은 생리학적 의학과 비교해 세 가지 측면의 이동을 가져왔다. 첫 번째는 장소가 병원에서 실험실로 이동한 것이고, 두 번째는 실험의 대상이 인간에서 동물로 이동한 것이며, 세 번째는 갈레노스의 방식을 따른 약물조제 대신 화학적으로 분리된 약품을 사용하게 된 것이다. 예를 들면 아편 대신 모르핀을, 기나피(기나 나무껍질) 대신 퀴닌(키니네)을 사용하게 된 것이다. 이 세 가지 변화 가운데 가장 몰이해되고 제대로 평가받지 못한 것은 두 번째 변화이다. 마장디는 생체해부(동물실험)를 함으로써 거센 반발을 불러일으켰는데 그 이유는 동물의 고통에 대한 동정보다 더욱 심층에 있었다. 동물로부터 인간 문제의 결론을 이끌어 낸다는 것은 양자 사이의 구별을 없애는 것이다. 그것은 동물을 유물론적인 입장으로 동화시켜 결국은 인간까지도 유물론의 대상으로 만드는 것이다. 인간에 대한 실험을 한다는 이유로 고발당한 마장디는 자신은 그렇게 하지 않았다고 변론했다. 그러나 만약 그 효과를 입증하기 위해 치료제를 투약하는 것이 실험이라면(클로드 베르나르는 처음으로 그러한 생각에 동의한 사람 중 하나이다)[28] 마장디는 병원에서 사람을 대상으로 실험을 했다. 병원은 실험실과 마찬가지로 환자들을 그룹을 지어 서로 간에 비교할 수 있는 장

---

28   Bernard, *Introduction à l'étude de la médecine expérimentale*, 제2부 2장 3절 생체해부에 대하여(de la vivisection).

소이다.

그러나 시대에 뒤지기는 했으나 완전히 사라지지 않은 그의 업적 전체로 인하여 의학의 역사가 마장디의 이름을 기억한다면, 그의 치료법과 생리학 사이의 놀랄 만한 간극도 기억하고 있어야 한다. 한 사람의 환자로서 마장디는 치료에 대해서는 회의적 태도를 가졌으며 오히려 자연치유에 대한 기대를 보이고 있다. 플루랑에 따르면 마장디는 자신들의 권위 있는 처방을 지나치게 자랑스럽게 생각하는 젊은 의사들에게 "당신들은 아무것도 하지 않는 치료를 한 번도 해 본 적이 없다"고 말하곤 했다.[29] 마장디의 생리학이 감염성 질환을 보다 명확하고 비판적으로 설명하지 못한 것은 브루세의 생리학주의나 마찬가지였다. 1821년 바르셀로나에서 황열병이 유행한 후 마장디는 과학아카데미에서 감염설을 부인하는 결론을 승인했다. 그리고 1832년 콜레라에 대한 조치를 연구하러 런던에 파견된 그는 콜레라에 전염성이 없다는 확신을 갖고 파리로 돌아왔다. 그는 1848년 국가공중보건위원회의 위원장으로 검역에 관한 법률의 개정을 이끌어 내었다. 검역은 14세기 베네치아와 마르세유에서 만들어진 오래된 보호수단이다.[30] 그러나 가장 놀라운 일은 이 실험약리학의 선구자가 마취의 생리학적 기전을 전혀 이해하지 못하고 수술에 마취를 이용하는 것에 맹렬히 반대했다는 사실이 아닐까? 그는 인간에 대한 이러한 종류의 실험을 허용하지

---

29 "Éloge de Magendie", *Recueil des Éloges historiques*, IIIe série, 1862.
30 E. H. Ackerknecht, *History and Geography of the most important Diseases*, New York-London, 1965, p. 13.

않았으며 에테르의 이용(éthérisation)은 수술받는 사람을 시체로 만드는 '비도덕적인' 행위라고 평가했으며 마취가 여성에게 히스테리 발작을 유발시킨다고 보았다. 한편으로 그는 마취의 발견이 특정한 화합물을 분리된 생리학적 기전에 적용하는 결정적 계기였다는 사실을 이해하지 못하고, 치과의사나 외과의사의 계략일 뿐이라고 생각했다. 아마도 그가 척수신경의 두 가지 기능, 즉 감각과 운동 기능을 재발견하였기 때문에 통증을 질병으로 간주하지 않았던 모양이다. 그에 따르면 "통증은 자연의 법칙이자 필연적인 것이다".[31] 다른 한편으로 그는 의사들이나 화학자들이 마취제를 자신들에게 시험한 사실에 관심을 갖지 않았다. 그리고 자신의 몸을 대상으로 하는 이 새로운 방식의 우회로는 마장디 자신이 확립한 체계적 동물실험을 정당화시킨다.

* * *

죽기 1년 전에 클로드 베르나르는 자신이 계획하던 『실험의학의 원리들』의 서론에서 마장디를 다음과 같이 비꼰다. "마장디는 생리학의 넝마주이다. 그는 실험을 시작한 사람일 뿐이다. 오늘날에는 그 영역과 방법을 새롭게 창조해야 한다."[32] 물론 베르나르가 보기에 자기 나름의 실험가는 자신도 모르게 체계를 구축하는 부

31   R. Fülöp-Miller, *La victoire sur la douleur*, Paris, Albin Michel, 1940, p. 243.
32   Bernard, *Principes de médecine expérimentale*, Lausanne, 1962, p. 440.

르세와 같은 이보다 우월하다. 베르나르가 특별히 '실험방법'에 주의를 기울이도록 끊임없이 요구한 이유는 무엇일까?

실험에 관한 베르나르의 글 가운데 분리할 수 없는 두 개념의 중요성에 대해 사람들은 충분한 주의를 기울이지 못했는데 그것은 이론과 진보이다. 실험의학은 진보한다. 왜냐하면 실험의학이 이론을 정교화시키기 때문이고 또 이론 자신이 진보하기, 다시 말해 열려 있기 때문이다. 다음과 같은 두 가지 말을 기억해야 한다. "실험가는 결코 그가 한 실험보다 오래 살아남을 수 없다. 그는 항상 진보의 도상에 있다." "이론에서 '과학혁명'은 없다. 과학 지식은 동요 없이 점진적으로 증가한다."[33] 여기(이론과 진보)에 결정론과 작용이라는 개념을 덧붙인다면 19세기 유럽 산업사회의 진보 이데올로기와 명백한 상응관계에 있는 의학적 이데올로기의 네 가지 요소를 얻을 수 있다. 근래에 과학사에서 문제가 되고 있는 인식론적 단절(바슐라르)이나 과학혁명의 구조(쿤)와 같은 개념들과 비교할 때, 혁명 없는 이론이라는 베르나르의 개념은 마땅히 비판을 받을 것이다. 베르나르 당시의 물리학은 에너지 보존 법칙의 근거를 뉴턴(Isaac Newton)과 라플라스(Pierre-Simon Laplace)에서 찾을 수 있다고 믿고 있었다. 클라우지우스(Rudolf Clausius)는 아직 많은 과학자들이 카르노(Carnot)의 정리에 관심을 가지도록 하지 못했고 철학자는 말할 것도 없었다. 패러데이(Faraday)의 실험, 앙페르(Ampère)의 법칙, 맥스웰(Maxwell) 방정식은 아직 산업혁명의 강력한 동력

33   *Ibid.*, pp. 179~180.

인 석탄을 전류로 대체하지 못했다. 1872년 독일의 생리학자 두보이스 레이몬트(Emil du Bois-Reymond) ── 베르나르는 여러 차례 그를 무시하는 발언을 했다 ── 는 라플라스식 결정론을 지나치게 신뢰한 나머지 영국에서 마지막 석탄 조각을 때게 될 순간까지도 예측할 수 있다고 생각했다(『자연지식의 한계에 관하여』*Über die Grenzen des Naturerkennens*). 그런데 1872년 전기공 제노브 그람(Zénobe Gramme)의 발명에 대해 두 번째로 의견 제시를 요구받은 파리의 과학아카데미는 마침내 실제가 이론을 앞섰다고 인정했으며 기술에서 혁명을 인정했다. 요컨대 클로드 베르나르가 자신의 방법론의 굳건한 토대로 간주한 혁명 없는 이론의 개념은 아마도 자신의 의학이론이 가지는 내적인 한계를 나타내는 지표일 뿐인지도 모른다. 클로드 베르나르가 결정적 모델로 구축한 적극적이고 정복적인 실험의학은 산업사회의 의학이다. 그는 거의 생물학적 시간을 살고 있는 농업사회에 기반을 둔 사변의학과 실험의학을 대비시켰다. 그 자신이 포도 재배자의 아들로 자신의 고향에 깊은 애착을 갖고 있었던 베르나르는 다음과 같은 사실을 결코 완전히 이해하지 못했다. 즉 당대의 과학은 학자에게 사실에 의해 무효화되는 개념을 포기하도록 요구할 뿐만 아니라 특히 그러한 개념을 연구하는 개인적인 스타일도 포기하기를 요구한다는 사실을. 그것은 마치 당대의 경제적 진보가 사람들의 뿌리가 농촌으로부터 뽑히기를 요구하는 것과 같다.

　질병과 그 원인, 그리고 병리학에 대한 베르나르 이론의 내적인 한계는 역설적으로 마장디의 계승자로 그가 거둔 최초의 실험적 성공에서 기인한다. 베르나르는 교감신경계가 동물열에 미치는 영향을 발견했고(1852), 당합성과 관련된 실험을 하는 도중에 인공적으로 당뇨병을 유발시켰으며(1849~1851), 쿠라레(curare)가 운동신경섬유에 선택적으로 작용한다는 사실을 입증했다(1844~1864). 베르나르는 다음과 같은 생각, 즉 모든 병적인 이상은 신경계통의 지배를 받으며,[34] 질병은 중독이며, 감염인자는 세포가 살고 있는 내적 환경을 변질시키는 발효인자라는 생각을 결코 포기하지 않았다.[35] 그런데 이후에 이런 입장이 실험적인 차원에서는 전혀 다른 맥락에 위치하여 반복되지만 이것이 직접적이든 간접적이든 치료에 적용되지 않는다는 사실에는 변함이 없다. 그것만이 아니다. 질병의 원인에 대한 이러한 고착된 신념으로 인해 베르나르는 그의 동시대인이 이룬 업적이 실제 치료에서 의미 있게 실현될 수 있다는 사실을 예견할 수 없었다. 베르나르는 그들을 생리학자가 아니라는 이유로 무시했다. 정상적인 것과 병리적인 것은 동일하다는 원칙에 충실했던 베르나르는 세포병리학에도, 미생물병리학에도 관심을 가질 수 없었다.

베르나르는 원형질(blastème)의 존재를 믿었기 때문에 다소 유보적인 태도로 세포병리학을 받아들였다. 그러나 그는 『세포병리학』(Zellularpathologie, 1858)의 저자인 루돌프 피르호에 반대하여 세

---

34   클로드 베르나르는 신경계통이 동물의 생존을 조절하는 유일한 기관이라는 퀴비에의 견해를
      충실히 따랐다.
35   다음을 참조하라. M. D. Grmek, *Raisonnement expérimental et recherches toxicologiques chez Cl. Bernard*,
      Genève-Paris, Droz, 1973. 특히 pp. 408~416.

포 수준에서 확인되는 변화가 신경계에서 기원한다고 주장했다.

> 정상적으로 흥분된 세포는 영양을 공급받고 원래의 특성을 간직한
> 다. 그런데 자극된 세포는 증식하고 변성되며 이형조직을 형성한다.
> 피르호는 신경이 자극의 원인이라고 생각하지 않는다. 나는 그 반대
> 이다.[36]
> 신경이 체액을 지배한다. … 따라서 반드시 신경생리학자가 되어야
> 한다. 체액설은 거기에 복종해야 한다.[37]

클로드 베르나르는 1878년 2월 10일에 죽었다. 같은 해 4월
30일 의사가 아니라 화학자였던 루이 파스퇴르는 파리의 의학아카
데미에서 「미생물 이론과 그 이론의 의학적, 외과적 적용」이라는
23쪽에 달하는 발표문을 읽었다.[38] 코흐(Robert Koch)와 파스퇴르의
업적으로 성립된 이 이론은 이미 수많은 사람과 동물의 치료와 생
존을 약속하고 있으며, 또한 동시에 19세기 모든 의학이론의 사망
을 선언하고 있다. 파스퇴르에 대해 베르나르는 여러 차례 다음과
같이 말했다. "파스퇴르는 자기 자신의 생각을 따르고 있으며 자연
의 운행을 지배하려고 한다."[39] 그런데 베르나르가 파스퇴르의 생

---

36 Bernard, *Principes de médicine expérimentale*, p. 227.
37 *Ibid.*, p. 240. 이 문제에 대해서는 다음을 참조하라. M. D. Grmek, "Opinion de Cl. Bernard sur
    Virchow et la pathologie cellulaire", *Castalia*, XXI, num. I, Janvier-juin, 1965, Milan.
38 세디요(Charles-Emmanuel Sédillot)가 '미생물'이란 용어를 만든 것이 1878년이란 사실도 흥미
    롭다.
39 Bernard, *Principes de médicine expérimentale*, Appendice 1877, p. 436.

각을 따르지 않은 것은 베르나르가 질병은 결코 새로운 기능이 아니라는 자신의 생각을 따르기 때문이다. 베르나르는 아마 다음과 같은 물음에 놀랄 것이다. 천연두, 홍역, 성홍열에 상응하는 정상은 무엇인가? 베르나르는 "이 질병들은 분명 우리에게 아직 알려지지 않은 피부의 기능에 상응한다", 그리고 "매독과 광견병의 바이러스는 신경계의 영향 아래 생성된다"[40]고 대답한다. 바이러스 자체는 병적 소인의 발현에 필수적 존재가 아니며 저절로 발생하는 광견병이 존재한다.[41] 나중에 미생물과 숙주의 관계에서 개인적 체질의 역할을 아무리 중요하게 보여 주었다 하더라도 베르나르의 생리학적 개념이 19세기 말 파스퇴르와 로베르트 코흐의 제자들이 치료 혁명을 준비하는 데 장애물로 작용한 사실에 대해서는 많은 사람이 동의할 것이다.

---

40 *Ibid.*, pp. 212~214.
41 *Ibid.*, p. 244. 1878년 이전에는 광견병의 신경기원설이 통용되었다고 생각할 수 있다. 그러나 1886년 이후에는? 1885년 마이스터(Joseph Meister)와 주피유(Jean-Baptiste Jupille)가 광견병 걸린 개의 건조된 골수를 접종받은 후 회복된 이후에는, 또 1886년 4월 12일 726명의 환자가 울름가 실험실에서 회복되고 난 후에는? 그런데 폴 오뒤루아(Paul Hauduroy)는 인식론적 완고함의 전형적인 사례를 보고한다. "외르에루아르 지방의 쿠르빌에 사는 폴 불리에(Paul Boullier)라는 의사이자 수의사는 일련의 강연을 했고 나중에는 그 강연을 모아 『파스퇴르의 진실』(*La vérité sur M. Pasteur*)이라는 제목의 책으로 출판했다. 불리에의 글이 오류나 말도 안 되는 소리임은 말할 것도 없고 기본적으로 거칠고 조야하다. 파스퇴르의 지지자는 예방접종을 받고 목줄이 풀린 개이며, 미생물은 '발효의 산물이지 그 원인이 아니며' 광견병은 질병이 아니라 '경우에 따라 서로 다른 특성을 나타내는 신경질환의 반영'일 뿐이며, 수의사는 수의사일 뿐이지 화학자가 아니다. 당시 의학아카데미에서 파상풍이 미생물에 의한 질병이라는 발표가 막 나왔다. '뭐라고? 파상풍이 전염성 질병이라고? 진지한 사람이라면 어떻게 그런 말을 믿을 수 있겠는가?'" 이 책의 한 각주에서 저자는 다음과 같이 말한다. "나의 강연을 들으러 온 많은 부인들에게 존경을 표하기 위해서 나는 이 유명한 과학자가 배꼽 조금 위쪽에 예방접종을 받았다는 사실을 말하고자 한다." *Microbes*, Lausanne, Rouge et Cie, 1944, p. 134.

* * *

만약 베르나르가 "병리학은 장애물을 만난 생리학에 지나지 않는다"고 가르친 피르호를 제대로 이해하지 못했다면 그것은 무엇보다도 피르호가 주장한 세포병리학이 의학을 해부학적 관점으로 회귀시키는 것으로 그에게는 보였기 때문이다. 또 피르호가 "모든 세포는 세포에서 유래한다"는 경구를 만듦으로씨 원형질에서 유기체가 발생한다는 생각을 거부했기 때문이다. 피르호의 실험실에서 슈반(Theodor Schwann)은 동물도 식물과 마찬가지의 세포 구조를 가진다는 사실을 밝혔다. 세포발생은 유기체의 구조가 생성하는 것이다. 혈액도 기본적 요소들로 구성된다. 혈관이나 신경은 세포의 생존에 필수적 존재가 아니다. 기관은 어떤 측면에서도, 다시 말해 구조적인 측면에서나 기능적인 측면에서 체액에 의존하고 있지 않다. 체액이 유기체에 행사하는 작용을 볼 때 어떤 기관에 직접적이든 간접적이든 의존하는 것은 체액이다. 실험실에서 태어난 세포이론을 병원의 임상으로 옮기면서 피르호는 오직 외과적 치료와 관련해서만 예방이나 치료에서 수행하는 실제적인 면에 중요성을 부여했다. 미세해부병리학은 병리학과 종양치료를 개혁했다. 그러나 아커크네히트가 여러 차례 지적했듯이 세포병리학은 치료적인 효과를 가져오지 못했다. 피르호와 그의 제자들은 당시 독일의 위대한 임상가들의 업적에 아무것도 더하지 못했다.[42]

---

42 "Zellularpathologie und Therapie", *Clio Medica*, V, num. 1, avril 1970.

그러나 세포 관찰에 현미경적 검사를 확대하고 1870년부터 독일에서 공업적으로 만들어진 아닐린 합성물에서 유래된 염기에 의한 염색을 사용한 결과 의학의 역사에서 처음으로 효과적인 동시에 모든 의학이론에서 자유로운 치료, 즉 파울 에를리히(1854~1915)가 발명한 화학요법을 낳을 수 있었다. 에를리히는 스트라스부르에서 발다이어(Heinrich Wilhelm Waldeyer)에게 정상이나 병적 조직을 검사하는 염색법의 사용을 배웠고, 브레슬라우에서는 피르호의 제자였던 율리우스 콘하임(Julius Cohnheim, 1839~1884)으로부터 해부병리학 강의를 들었다. 그는 나중에 백혈구가 모세혈관막을 통과함으로써 염증 과정이 이루어진다는 사실을 밝혔다. 콘하임을 통하여 피르호의 가르침은 에를리히에게 이르렀다. 그러나 세포병리학이 화학요법의 발견에 간접적으로 공헌했다면, 세균학과 면역현상의 발견은 직접적으로 공헌했다. 에를리히가 제기하고 해결한 문제는 다음과 같이 표현될 수 있다. 특정한 감염원이나 세포에 대해 친화성을 갖는 어떤 화학적 합성물이 치료용 혈청 안에 있는 항독소와 같은 식으로 증상이 아니라 원인에 대해 직접 작용할 수 있을까?

여기서 면역성의 발견에 관련된 모든 상황들을 상기시키거나 우선권에 관한 논쟁을 다시 불러일으킬 생각은 없다. 과학 지식의 구성은 스스로 그 창안자라고 주장하는 모든 사람의 동시적인 존재를 필요로 하지 않는다.[43] 디프테리아가 백신으로 치료되는 것

---

43 François Dagognet, *L'immunité, historique et méthode*, 1964년 1월 4일 팔레 드 라 데쿠베르트(Palais de la Découverte)에서 열린 학회.

이 아니라 회복한 환자에서 얻은 혈청을 주입함으로 예방될 수 있다는 결론에서 본다면 베를린 학파가 파리 학파보다 몇 달 앞섰는지, 즉 코흐의 제자인 폰 베링(Emil von Behring)이 파스퇴르의 제자인 루(Émile Roux)보다 앞섰는가는 중요한 문제가 아니다. 여기서 회복한 환자는 디프테리아에서 살아남은 사람을 말한다. 루는 독소를 실험실에서 만들 수 있었다. 폰 베링은 독소의 독성을 트리클로로요오드로 약화시킬 수 있었다. 루는 폰 베링보다 혈청의 활성을 더 증가시킬 수 있었다. 그런데 코흐가 폰 베링과 관계를 맺게 한 에를리히는 자연에는 존재하지 않는 치료 수단을 화학에서 구할 수 있지 않을까 하는 꿈을 꾸었다.[44] 조직학적으로 선택적인 친화성을 지닌 염색제의 모델에 따라 그러한 세균과 독소에 대해 특별한 친화성을 가진 물질을 찾아보자는 생각이 떠오른 것은 바로 그때였다. 요컨대 염색제는 건강하거나 감염된 유기체에 대해 이러저러한 방향으로 형성되도록 정해진 벡터이다. 선택적으로 어떤 세포로 향하게 되어 있는 화학적 화합물이 그 세포에 침투해 들어가는 과정은 열쇠가 자물쇠에 들어가는 것과 유사하다. 에를리히의 첫 번째 성공은 1904년 시가(Shiga)와 함께 수면병을 일으키는 원충인 트리파노소마를 파괴시키는 트리판 레드를 발견한 일이다. 그

---

44 에를리히와 그의 업적에 관하여는 다음의 책을 참조하라. Hans Loewe, *Paul Erlich, Schöpfer der Chemotherapie*, Stuttgart, 1950. Felix Marti Ibanez, *The Mind and the World of Paul Ehrlich*, New York, In Centaurus, 1958, pp. 257~269. Léon Vogel, "Paul Ehrlich", *Revue d'histoire de la médecine hébraïque*, num. 84 et 85, juillet et octobre 1969. Pauline M. H. Mazumdar, "The antigen-antibody Reaction and the Physics and Chemistry of Life", *Bulletin of the History of Medicine*, XLVIII, 1974, num. 1, pp. 1~21.

이후에 606호 혹은 살바르산(1910)과 네오살바르산이 등장했다. 이 것은 믿었던 것보다는 매독에 대한 효과는 별로 없었다. 그러나 에 를리히의 연구의 진정한 성공은 그 자신이 성공적으로 얻은 합성 물에 있는 것이 아니라 그의 기본적인 가설에 부합하여 후에 이루 어진 발견에 있다. 그것은 화학적 염색제의 친화성을 체계적으로 이용하여 인공적으로 항체를 만든 것이다. 여기에 의거해 게르하 르트 도마크(Gerhard Domagk)는 프론토질 레드(1935)를 만들었는데 이것이 그 유명한 설파마이드 계통의 첫 번째 약제이다. 설파제는 그 효과가 점점 떨어져 요즘은 플로리(Howard Walter Florey)와 체인 (Ernst Boris Chain)이 화학적으로 합성한 페니실린(1939)이 최고의 성 공으로 인식되고 있다. 물론 실제 치료는 화학적으로 합성된 항독 성, 항생물질을 기계적으로 엄격하게 투여하는 것이 전부는 아니 다. 마치 유기체에 약을 투여하기만 하면 나머지는 자동적으로 이 루어지기나 하는 것처럼 생각하는 것은 잘못이다. 감염원은 자신 을 과녁으로 삼는 항생물질에 적응하고, 유기체는 역설적으로 자 신을 지켜 주는 화합물로부터 자신을 보호해야 한다는 사실을 알 아야 한다. 따라서 치료적 연합을 만들어 내야 한다.[45] 그러나 현대 치료법의 특징인 이러한 유연성은 에를리히의 프로그램에 내재한 합리주의적 단순성에 의해서만 가능한 것이었다. 왜냐하면 세포들 은 여러 염색제(colorant) 가운데에서 선택하기 때문이다. 세포들이

---

45 이 모든 물음에 대해서는 다음을 참조하라. François Dagognet, *La raison et les remèdes*, Paris, P.U.F., 1964; "Surréalisme thérapeutique et formation des concepts médicaux", *Hommage à Gaston Bachelard*, Paris, P.U.F., 1957.

선택하지 않을 수 없는 염색제를 만들자….

염색제를 발명한다는 것은 무엇을 의미하는가? 그것은 분자상의 원자를 이동시키거나 치환시키는 것이며, 어떤 화학적 구조를 만드는 것이며, 개발된 분자식에 의해 색깔을 읽는 것이다. 에를리히의 계획은 마장디의 시대에는 생각할 수도 없었고 가능하지도 않은 것이었다. 1856년 윌리엄 퍼킨(William Perkin) 시니어는 다른 목적의 연구를 하는 중에 아닐린으로부터 연보라색의 염료를 얻었다. 1865년에 이르러 케쿨레는 「방향성 물질의 구성」(Sur la constitution des substances aromatiques)에 관한 논문을 발표했다. 탄소 원자가 4가를 갖는다는 사실을 확인한 후에 아우구스트 케쿨레(Auguste Kekulé, 1829~1896)는 벤젠의 분자식을 제시하고 거기에서 유도된 물질을 방향족 화합물이라고 불렀다. 이는 마장디와 베르나르의 시대의 화학자들이 주로 연구하던 지방족 화합물과 알코올과 구별하기 위해서였다.

그런데 새로운 화학물질에 대한 이론적 구상은 화공산업에서 거대한 규모로 확인되었다. 1868년 영국의 퍼킨과 독일의 그레베(Carl Graebe)와 카로(Heinrich Caro)가 각각 동시에 합성했던 꼭두서니 염료의 주성분인 알리자린은 10년 후 매년 9,500톤의 비율로 생산되었다. 마침내 모든 염료 가운데서 가장 많이 연구된 아닐린은 먼저 '바디쉬 아닐린 소다 공장', 그리고 1904년에는 '아닐린 기업연합'과 같은 회사의 이름으로 사용되었다.

화학요법이 과거의 의학이론을 적용한 치료법을 대신하기 위해서는 화학물질에 대한 새로운 상징적 표상과 과거의 추출방법을 대신할 새로운 대량생산 기술의 개발이라는 두 가지 선행조건이 충족되어야 한다. 이것은 특정한, 확인 가능한 날에 일어나는 사건이지만 역사에서 미리 추론할 수 없는 사건이다. 따라서 화학요법은 어느 정도 산업화된 사회가 없었다면 존재할 수 없었을 것이다. 제너와 에를리히 사이에 아닐린의 발견이라는 필수불가결한 사건이 일어났고, 그것은 19세기 전반기의 의사들이 예상할 수 없었던 일이다. 염료의 '합리주의'에 관해 가스통 바슐라르는 다음과 같이 썼다. "화학자는 그 창조를 이끄는 청사진 안에서 색깔을 생각한다. 그리고 거기에 소통 가능한 객관적 실체, 다시 말해 상품화될 수 있는 사회적인 실체가 있다. 아닐린을 만드는 사람은 색채의 실체와 합리성을 안다."[46]

* * *

그런데 화학요법을 가능하게 만들었던 세 번째 역사적 조건이 있다. 그것은 혈청요법의 발견이었다. 이 역사적 조건은 또 다른 역사적 조건들에 의존하고 있으며, 많은 의학사가들은 그 조건들을 기술적 활동의 와중에 일어난 우연적 사건으로만 보는 경향이 강하다. 사람들이 코흐가 아니라 파스퇴르의 업적에서 19세기 말에 시행된 예방접종의 기원을 찾는 것은 시간적으로 앞서기 때문이기도 하지만, 또한 그의 업적이 생물학적으로 보다 큰 보편성을 띠고

---

46   Bachelard, *Le matérialisme rationnel*, Paris, P.U.F., 1953, chap. VII, p. 202.

있기 때문이다. 왜냐하면 "파스퇴르의 업적은 생물학과 화학 사이에 확립된 관계의 본질을 변화시킬 뿐 아니라, 보편적인 생명계의 표상, 그들 사이에 짜여진 관계, 그리고 지상에서 일어나고 있는 화학 작용의 역할 배분을 변화시키기 때문이다".[47]

흔히 일반적으로 제시되는 주장과는 반대로 프랑수아 다고네[48]는 산업가들, 장인들, 사육자들이 제기한 기술적인 어려움이나 장애물과 관련된 문제들(맥주, 포도주, 누에, 양 등의 질병)을 해결하는 과정에서 점진적으로 "파스퇴르주의"가 만들어진 것은 아니라고 주장했다. 반대로 그는 파스퇴르가 이론화학의 문제들을 해결하는 과정에서 자연산물을 실험적으로 변형시키는 것이 실재를 분석하는 이론적 수단이라고 보았기 때문에 기술적인 차원의 문제에 직면하게 되었다고 주장했다. 실험실은 자연적인 사태, 혹은 경험의 소산과는 절연된 장소이며, 잠복해 있거나 억제되어 있던 원인들이 그 모습을 드러내는 장소이다. 요컨대 그곳은 실재가 분명하게 드러나게 인위적인 조작이 가해지는 장소이다. 실험실의 과학은 그 자체가 기술 활동과 직접적인 연관이 있다.

의학적 사고의 혁명은 결정(結晶)의 성질에 대한 두 가지 연구 방법을 화학에 도입함으로 시작되었다. 그것은 대칭계에 의한 부피측정법과 편광측정법이다. 주석산염과 부주석산염의 편광효과에 대한 미처리히(Eilhard Mitscherlich)의 설명에 만족하지 못한 파스

47   Dagognet, *Méthodes et doctrine dans l'oeuvre de Pasteur*, Paris, P.U.F., 1967.
48   *Ibid.*, p. 67.

퇴르는 부주석산의 결정면들이 서로 다른 방향으로 위치해 있다는 사실을 발견했다. 이 두 종류의 결정을 분리하면 그 각각의 용액이 하나는 오른쪽으로, 다른 하나는 왼쪽으로 편광이 일어난다. 반면에 양자를 같은 비율로 섞으면 편광효과는 중화되었다. 1857년 칼슘 부주석산 용액을 곰팡이의 작용으로 발효시키자 우측으로 편광이 일어나는 형태에만 변화가 일어나는 것을 파스퇴르는 관찰했다. 이로부터 미생물의 성질과 분자의 비대칭성이 연관을 맺게 된다. 다고네는 미생물학이 어떻게 생화학 이론을 창조적으로 전복시킴으로써 성립되었는가를 보여 주었다. 곰팡이건 효모균이건 살아 있는 미생물은 두 종류의 광학적 이성체를 구별할 수 있다. 또 역으로 미생물이 선택하는 물질을 공급하여 미생물을 감추고 있는 환경 안에서 미생물이 드러나게 만들 수도 있다. 따라서 파스퇴르는 박테리아에 의한 화학물질의 분리를 화학적 이성체에 의한 세균학적 분리로 전환시켰다.[49] 생명체의 비대칭구조와 무기물의 구조가 대립된다는 생각에 확신을 갖고 거기에 의해 자연발생설을 수용하는 모든 설명을 거부한 파스퇴르는 세균과 발효, 그리고 질병을 하나의 동일한 이론적 틀 안에서 연결시켰다. 이 이론을 만드는 과정에서 일어난 일시적 진보나 망설임, 후퇴, 그리고 실수는 우리가 수행하는 역사-인식론적 탐구에 필수적인 것이 아니다.

결정학을 통하여 파스퇴르는 생명체의 고유한 구조에 대한 기준을 찾았다. 그것은 비대칭성이었다. 수많은 세월 동안 의학이 해

---

49   *Ibid.*, p. 67.

온 약속들을 의학은 처음으로 19세기 말에 지키기 시작하게 되었으며, 실제와는 거리가 먼 토대에 대한 탐구를 통해 효과적이 될 수 있었다. 이러한 우회와 자리이동은 완전하고 완성된 것이었으며, 그 결과 18세기의 의사들이 19세기에 물려준 의학체계나, 19세기 전반기의 생리학자들이 만든 새로운 모델은 다시 이데올로기의 천상계로 되돌려졌다. 나는 앞서 자리이동의 세 계기에 대해 말했다. 그것은 병원에서 실험실로 장소의 이동, 사람에서 동물로 대상의 이동, 갈레노스 의학적 약재 배합에서 화학적 합성물로 치료약재의 이동이었다. 그러나 이들이 결실을 맺기 위해서는 네 번째 이동이 필요하다. 파스퇴르는 생명체의 병리적 문제에 대한 해결책을 생체에서 발견하지 않았다. 그는 화학적으로 순수한 광물의 기하학적 구조인 결정에서 그 해결책을 찾았다. 그는 처음으로 우회로를 택한 사람 중 하나인 마장디처럼 생명체를 무생명체와 동일시하는 데서 해결책을 찾지 않았다. 반대로 그는 생명체와 무생명체의 가장 일반적인 구조를 구별하는 데에서 그 해결책을 찾았다. 파스퇴르의 이러한 우회가 클로드 베르나르의 권위에 매혹된 동시대인에게 이해받지 못한 것은 당연한 일이다. 다음의 증언이 그 사실을 잘 말해 준다. 1863년 외과의사 올리에(Léopold Ollier, 1830~1900)는 다음과 같이 썼다. "죽은 자연은 우리에게 도움이 되지 않는다. 그러나 살아 있는 자연은 수용 가능한 비교의 항목들을 제공한다."[50] 이론적 발견의 결과로 실제적으로 도움이 되는 결과를 향유

---

50 René Leriche, *La philosophie de la chirurgie*, Paris, Flammarion, 1951에서 재인용.

하면서도 사람들이 그 발견의 기원이나 의미를 이해하지 못하는 것은 처음이 아니다.

* * *

마취술의 발달로 강력해진 외과학이 무균법과 항균법의 발달로 더욱 크게 변모한 사실은 잘 알려져 있다. 파스퇴르의 업적으로 가장 먼저 혜택을 입은 사람은 외과의사들이었다. 파스퇴르를 열심히 읽었던 리스터(Joseph Lister)는 1867년 석탄산(phenol)의 사용을 권고했고 그것은 큰 성공을 거두었다. 그보다 20년 전, 재능이 있었지만 불행했던 제멜바이스(Ignaz Semmelweis)는 학생들에게 손을 씻으라고 했다는 이유로 빈의 산부인과 병원에서 추방되어 1865년에 세상을 떠났다.[51]

의학에서는 19세기 말에 와서야 단순히 질병의 증상이 아니라 질병의 원인에 작용할 수 있는 치료의 기술이나 약재가 나타난다. 그렇지만 의학이 자신에게 속하지 않은 열매를 거두어들였다는 결론을 내리는 것은 옳지 않다. 과학사에서 어떤 주어진 시기에, 특히

---

51   19세기 외과학의 발달에 관해서는 다음의 책을 참고하라. Paul Lecène, *L'évolution de la chirurgie*, Paris, Flammarion, 1923. Walter von Brunn, *Histoire de la chirurgie*, trad. fr. par Ch. Coury. Paris, Lamarre, 1955.
제멜바이스에 대해서는 다음의 책을 참고하라. Louis-Ferdinand Céline, *Mea Culpa*, suivi de *La vie et l'oeuvre de Semmelweis*, Paris, Denoël et Steele, 1937. 특히 다음의 책을 참고하라.
a) *Semmelweis. His Life and Work*, par G. Gortvay et I. Zoltan, Budapest, 1968.
b) *Ignaz Philipp Semmelweis und die Wiener medizinische Schule*, par Erna Lesky, Graz-Vienne-Cologne, 1964.

17세기 이후에는 과학계 내의 불화와 경쟁이 있다 하더라도 그로 인해 소통에 절대적인 장애가 일어날 수 없었다는 사실은 일반적 원칙으로 인정되어야 한다. 한편으로는 자신이 거부하는 것에 의해 영향을 받지 않을 수 없다. 다른 한편으로 교환은 불가능하다 하더라도 모든 사람들은 같은 시장에서 공급을 받는다. 19세기에는 도구와 재료의 시장이 중요했다. 실제적인 목적이 다르더라도 공통의 탐구 영역이 구성된다. 결국 약사들의 화학과 화학자들의 화학이라는 두 종류의 화학이 존재할 수는 없다. 설사 약사들의 약리학과 의사들의 약리학이 따로 존재하더라도 그들의 전제는 대립하지 않는다. 의과대학 내에 여러 분야가 존재해도 학생의 머리는 하나이며, 병원 안에 여러 개의 임상과와 실험실이 있다 하더라도 환자의 몸은 나누어지지 않는다. 따라서 19세기 의학에서 세균학과 같은 지식이, 세균설에 의해 이데올로기의 영역으로 떨어진 다른 의학이론들에 전혀 빚지지 않고 생겨났다고 생각하기는 불가능하다.

사실 18세기 이후 유럽에서 부검과 해부병리학적 검사가 체계적으로 확대되어, 몸에서 병변을 찾는 일이 환자의 몸에서 증상을 읽어 내는 행위를 대신하게 되었다. 엄밀히 말해 감염질환에 대한 미생물 이론은 동일한 방향에서 질병의 원인을 찾도록 이끌었다. 해부병리학과 생물학 사이에서 세포병리학의 영향 아래 이루어지는 조직병리학적 검사와 생검[52]의 시행은 병인의 수준에 대한 관념

---

52 생검(biopsie)이라는 용어는 파리의 피부과 의사였던 에른스트 베스니에(Ernest Besnier)가 1879년 처음으로 만들었다.

을 변화시키는 데 기여하였다.

이어서 오스트리아, 프랑스, 독일에 생겨난 새로운 임상의학파는 19세기 초에 유행했던 열병이나 염증과 같은 모호한 병리학적 개념을 파괴했다. 해부병리학과 임상의학의 교차로에서 의사들은 감별진단을 하는 방법과 개별화된 증후군을 구성하는 방법을 배웠다. 그것은 분명 특정 병인론이 형성되기 위한 충분조건은 되지 않았지만 필요조건이었다. 그것은 개념상의 혁명이었다. 과거에는 특이성이 치료법의 문제였다. 그리고 사람들은 특이성을 질병의 본질에 대한 표지로 이해했다. 그러나 그것은 증상의 특이성에 불과했다. 약제의 특이성이라는 오래된 관념과 미생물 인자의 특이성이라는 새로운 개념 사이에서 병리학적 특이성이라는 개념은 적극적인 역할을 수행할 수 있었다.

엄밀하게 말해 질병과 중독을 동일시하고, 질병을 신경계의 작용하에 만들어진 독소가 세포의 내적 환경에 초래한 변성으로 보는 클로드 베르나르의 집착은 감염이 각 종류의 미생물이 만들어 낸 특정한 독소에 의한 것이라는 사실을 받아들이기 용이하게 만들었다. 베르나르가 파스퇴르의 발효 이론에 대해 적대감을 갖고 있었음에도 불구하고 그가 죽고 몇 달 후 마르셀랭 베르틀로(Marcellin Berthelot)는 알코올 발효에 대한 자연적 설명을 지지하고 있는 베르나르의 미공개 노트를 어떤 잡지에 공표했다. 그는 발효가 진행 중인 액체 속에서 효모가 자연발생한다는 것을 인정하면서 이 현상을 살아 있지 않은 효소가 존재하기 때문이라고 설명했다. 파스퇴르는 이러한 설명을 거부했으나 그것은 나중에 잘못으로 판명되었다.

치료법 발달의 역사적 도상에서 벗어난 이들을 위한 이러한 변호로 인해 다음과 같은 사실, 즉 그들이 주류를 이루는 집단적인 성취에 직접적으로 공헌하지 않았다는 이유로 인정되어 마땅한 장점들이 여전히 제대로 평가받지 못하고 있는 사실이 잊혀서는 안 된다.

제2부

19, 20세기 생물학적 합리성의 성취

I. 18세기와 19세기
생물학적 조절 개념의 성립

1901년 라이프치히에서 『유기체의 조절』(*Die organischen Regulationen*)이 출판됨으로써 동물생물학 안에 새로운 영역이 등장했다. 이 책의 저자인 한스 드리슈(Hans Driesch, 1867~1941)는 발생학자였다. 그는 빌헬름 루(Wilhelm Roux)의 지휘하에 발생역학파(Entwicklungsmechanik)에서 이루어진 연구 결과를 이해하기 위해 아리스토텔레스의 존재론과 목적론의 용어를 동원한 것으로 유명하다. '모자이크 배아'와 '조절된 배아' 사이의 구별은 배아의 등방성(isotropie)과 비등방성(anisotropie)에 대한 발생학자들의 논쟁을 잠정적으로 종식시켰다. 이 논쟁은 1875년 이래 빌헬름 히스(Wilhelm His)와 에두아르트 플뤼거(Eduard Pflüger) 사이에 벌어진 것으로 그 후 20년간 샤브리(Laurent Chabry), 오스카르 헤르트비히(Oskar Hertwig), 에드먼드 윌슨(Edmund Wilson)과 같은 학자들의 연구 주제가 되었다.

발생학자들은 발생 중인 초기의 난할세포에 '모든 가능성', 다시 말해 발생 중인 어떤 한 부분은 전체의 구조와 같은 규칙의 적용을 받는다는 사실을 발견하면서 생리학자들이 이미 인정하고 있는 사실, 즉 다른 기능을 조절하는 기능이 존재하며 어떤 항존적 요인을 유지함으로써 그 유기체가 하나의 전체와 같이 행동한다는 사실을 완성하고 확인했다. 이 기능들은 19세기 후반에 '조절'(régulation)이라는 명칭을 얻었다. 어렵게 선택된 이 명칭은 개념적인 발전의 결과 필연적으로 얻어진 것이며 그 역사는 그리 간단하지 않다. 이 용어는 생리학에서 은유로서 도입되었다. 그 시기에 이 말이 가리키는 기능들은 조절과 유기체의 항상성에 대한 일반 이론을 이끌어 낼 비교 연구를 유도하는 것과는 아직 거리가 한참 멀었다. 오히려 이 용어는 엄밀한 합리화에 대한 은유로 사용되었다. 그리고 언젠가는 거기에서 인공두뇌학(사이버네틱스)이 탄생하게 될 것이었다. 이 족보는 잘 알려져 있다. **클로드 베르나르가 캐넌**(Walter Cannon)**을 낳고, 캐넌이 위너**(Norbert Wiener) **옆에 로젠블루스**(Arturo Rosenblueth)**를 낳았다.** 사이버네틱스는 그 어원적 경계를 넘어설 수 있는 분명한 개념을 자신에게 부여할 이론을 기다리며 한 세기 이상 잠들어 있었다. 이 말은 통제의 방법에 대한 학문을 지칭하기 위해 1834년 앙페르(André-Marie Ampère)가 제안한 말이었으며, 리트레(Littré)의 『프랑스어 사전』에도 나온다. 그러나 이 말은 나오기는 하지만 정의되거나 사용되지는 않았다. 용례를 보여 주는 아무런 인용도 없다.

　오늘날 사이버네틱스를 의미하는 말로 쓰이는 '조절'(régulation)의 경우는 달랐다. 이 말은 1872년에 나온 『리트레 사전』의 마지막 권에 나타나는데 이보다 앞서 나온 『아카데미 사전』에는 이 단어가 없었음을 말해 주고 있다. 이것은 '조절자'(régulateur)라는 단어 다음에 오는데 응용역학에서 쓰이는 의미는 이 책의 끝에 실린 '추가와 수정'에 자세하게 나온다. 그리고 이것은 1877년에 나온 증보판에 동일하게 실려 있다. '조절작용'의 정의를 보여 주는 용례 세 가지는 퐁슬레(Jean-Victor Poncelet), 페이(Hervé Faye), 뒤퓌 드 롬 (Henri Dupuy de Lôme)이 쓴 19세기의 문헌에서 인용했다. 그것은 태양의 열 생산 과정과 기계의 조절장치를 다룬 글에 나온다. 플루랑[1]은 1823년에, 클로드 베르나르는 1867년에 이 단어를 사용했기 때문에 리트레가 '조절자'에 대한 생리학적 정의를 제안할 수도 있었다 하더라도, '조절'에 대해서는 그렇지 못하다. 클로드 베르나르는 1878년에 가서야, 그것도 우발적으로 이 단어를 사용했기 때문이다.

『리트레 사전』보다 훨씬 풍부한 용례를 자랑하는 『옥스퍼드 영어사전』의 '조절'과 '조절자' 항목은 17, 18, 19세기까지의 용례를 포괄하고 있으나 정치적이고 역학적인 의미만을 가지고 있다.

따라서 '조절'의 역사는 '조절자'의 역사에서부터 시작하지 않을 수 없다. 이것은 그 기원에 신학, 천문학, 기술학, 의학, 사회학이 혼합된 역사이며, 와트(James Watt)와 라부아지에(Antoine Lavoisier), 맬서스(Thomas Robert Malthus), 오귀스트 콩트(Auguste Comte) 못

---

1   Pierre Flourens, "Recherches physiques sur les propriétés et les fonctions du système nerveux dans les animaux vertébrés", *Archives générales de médecine*, 2, 1823, pp. 321~370. 이 논문은 1824년에 출판된 *Recherches expérimentales sur les propriétés et les fonctions du système nerveux dans les animaux vertébrés*의 최초 요약본이다. 조르주 퀴비에는 소뇌의 이동운동 조절에 대한 플루랑의 연구를 알고서 그 자신이 조절자라는 용어를 다음과 같은 자신의 저서에서 사용했다. Cuvier, *Histoire des progrès des sciences naturelles depuis 1789 jusqu'à ce jour*, 1834, t. IV, pp. 41, 101, 148.

지않게 뉴턴과 라이프니츠와 깊은 관계에 있다.

조절의 생리-신학

『변신론』(*Théodicée*, 1710)의 서문에서 신의 지혜를 옹호하는 라이프니츠(Gottfried Wilhelm Leibniz)의 주장은 생명력과 운동법칙에 대한 자신의 이론에 바탕을 두고 있다. 그는 신의 지혜의 증거로 사전에 형성되고 질서 지어진 구조를 가진 유기체의 존재를 들고 있다. 인간은 유기체를 모방하여 자동기계를 만든다. 그는 한 가지 예를 드는데 이를 현대의 눈으로 보지 않는 것이 좋다.

> … 자연에 대한 전능한 힘을 갖고 있으며 일어날 사건을 모두 미리 알고 있는 신은 역학의 법칙만 있으면 항해 기간 동안 지성을 가진 어떤 지휘자의 통제가 없이도 배가 목적된 항구에 갈 수 있도록 사물을 운용할 수 있다는 사실을 벨(Pierre Bayle)은 아직 믿으려 하지 않는다.

유한하지만 우리의 지성을 뛰어넘는 완전한 자동기계가 있다면 벨이 신에게도 불가능할 것이라고 여긴 일도 거뜬히 할 수 있으리라고 라이프니츠는 생각했다. 따라서 "신이 모든 만물을 동시에 미리 조절한다면, 이 배가 제 길을 찾아가는 것이나 불꽃놀이에서 폭죽이 줄을 따라 날아가는 것이나 이상할 것이 하나도 없다. 만물에 대한 모든 조절은 서로 간에 완벽한 조화를 이루며 서로를 규정한다."

　클라크(Samuel Clarke)와 처음 논쟁한 글보다 5년 앞서 나온 『변신론』은 신과 세계의 관계에 대한 이론을 요약하고 있다. 뉴턴과 그의 제자들은 신이 세계를 창조한 이후에도 행성 간의 비어 있는 공간으로 인해 운동이 감소할 것이라는 이유로 계속해서 세계를 지켜보고 섭리에 의해 교정해 왔다고 확신했다. 라이프니츠는 이들의 생각에 반대했다. 라이프니츠의 세계는 태초에 조절된 그대로 변함없이 보존된다.

　최초의 조절이 보존된다는 생각에 대한 이러한 집착은 비록 그가 '만물의 조절'이라는 개념에 내포된 목적론의 타당성을 주장하며 데카르트에 반대했지만 뉴턴에 반대하여 보존의 법칙을 옹호했다는 점에서는 그가 데카르트주의자였다는 증거가 된다. 그러나 우주적 조절에 대한 분명한 모델을 라이프니츠에게 제공한 사람은 뉴턴 역학에 대한 또 다른 반대자였다. 그는 1675년에 나선 모양의 조절기구를 만들었는데 실제로 이 기구에 '조절기'(regulator)란 이름이 붙은 것은 1700년이 다 되어서이고 이 명칭은 1704년에 나온 해리스(John Harris)의 『기술용어사전』(Lexicon technicum)에 실려 있다. 데카르트에서 시계는 동물-기계의 유사모델이었다. 하위헌스(Christiaan Huygens)의 발명 후에는 표준 손목시계가 보편적인 모델이 되었다. 라이프니츠는 뉴턴과 그 제자들이 속한 캠브리지 학파의 자연신학, 커드워스(Ralph Cudworth)의 '유연한 자연', 「첫 번째 답변」(Première Réponse) 마지막에서 클라크에 의해 유명해진 '왕이나 통치자'로서의 신이라는 개념에 자극되고 화가 날 때마다 손목

시계 모델을 상기시켰다. 통제자(governer)라는 말은 와트와 맥스웰이 조절자의 동의어로 그 말을 사용하기 이전에 이미 커드워스가 사용하고 있는데 이 부분은 인용할 가치가 있다. "그는 신이 운동의 원인일 뿐 아니라 운동의 '통제자'(Governour), '조절자'(Regulator), '조직자'(Methodizer)라고 주장했다."(*The True Intellectual System of the Universe*, 1678) 뉴턴의 신은 일단 만들면 저절로 작동하는 믿을 만한 기계장치를 만든 조립공이 아니며, 자신의 피조물에 대한 영원한 감시자이며 거기서 발생하는 일탈들을 섭리를 통해 교정하는 존재이다. 라이프니츠에 따르면 다음과 같다.

> 뉴턴과 그의 추종자들은 신의 작품에 대해 여전히 아주 우스꽝스러운 견해를 갖고 있다. 그들의 의견에 따르면 신은 자신이 만든 시계에 가끔씩 올라갈 필요가 있다. 그렇지 않으면 시계가 멈추기 때문이다.
> 신은 영구한 운동이 가능하도록 장기적 안목을 갖고 이 기계를 만들지 않았다. 신이 만든 이 기계는 불완전하기조차 하여 시계공이 자기가 만든 기계에 대해 그렇게 하듯이 가끔씩 청소도 해 주고 시간도 다시 맞춰 주어야 한다. (「클라크에 대한 첫 번째 반론」Premiere Écrit contre Clarke, 1715)

이 텍스트에서는 규칙성보다 항구성에 더 초점이 맞춰져 있는 듯이 보이지만, 실상 클라크는 「첫 번째 답변」 마지막에서 규칙성을 문제 삼으며 신에게 명목상의 지위 ——『닫힌 세계에서 열린 우주로』(*Du monde clos à l'Univers infini*)의 끝부분에서 쿠아레가 한 표현을 따르면 '게으른 신' — 만을 부여하는 것에 반대했다. 여기에 대한 라이프니츠의 응답은 내가 보기에 조절이라는 개념의 역사에서 지극히 중요하다. 그는 다음과 같이 응답했다.

> 자신의 간섭 없이도 잘 돌아가는 왕국을 다스리는 왕의 경우와 비교하는 것은 적절치 않다. 왜냐하면 신은 항상 만물을 보존하고 만물은 신이 없이는 존속할 수 없기 때문이다. 따라서 그의 왕국은 결코 이름뿐인 왕국이 아니다. 그것은 마치 자신의 신민들을 너무나 잘 다스리고 그들의 능력과 선한 의지가 보존되도록 너무나 잘 보살핀 나머지 다시금 그것들을 선양할 필요가 없어진 왕국의 왕에게 이름뿐인 왕이라고 말하는 것과 마찬가지이다. (라이프니츠의 「두 번째 글」Second Écrit, 제2 단락)
>
> 신이 문제에 대한 치료책을 미리 주었다는 말은 신이 먼저 문제가 일어나게 내버려둔 다음에 해결책을 주었다는 의미가 전혀 아니라 문제가 일어나지 않도록 하는 방법을 미리 찾아 주었다는 의미이다. (「세 번째 글」Troisième Écrit, 제14 단락)

라이프니츠는 규범(règle)과 규칙(règlement) 사이의 관계는 국가를 통제한다거나 기계를 조절한다는 의미에서 원래부터 정적이고 평화적이라고 주장한다. 그리고 규범과 규칙성 사이에 차이는 거의 없다. 규칙성은 조절화 작용(régularisation)의 결과로 얻어지는 것이 아니며 불안정성을 극복하여 주어지는 것도, 타락을 회복시켜 주는 것도 아니며 기원부터 있던 성질이다. 비록 규범화의 기능이

요청되지 않으면 잠복된 상태로 있더라도 규범은 규범이며 규범으로 남아 있다.

이러한 견해는 후대의 학자들에게 큰 영향을 미쳤다. 한 세기 반 동안 역학, 생리학, 경제, 정치에서 조절자와 조절에 관련된 후대의 모든 문제들은 조절과 평형의 관점에서 제기되었다. 이것은 우주적 질서의 영구성에 대한 라이프니츠의 낙관주의가 뉴턴의 불안에 대해 승리를 거둔 것이다. 클라크는 이러한 불안을 다음과 같이 요약하였다(「두 번째 답변」, 제8 단락). "예를 들어 태양계의 현 상태는 현재 확립된 운동의 법칙에 따르면 언젠가 혼란에 빠질 것이며, 이어서 그 법칙이 다시 확립되거나 아니면 새로운 형태의 법칙이 생겨날 것이다."

『뉴턴 연구』에서 알렉상드르 쿠아레는 『닫힌 세계에서 열린 우주로』에서와 마찬가지로 18세기에 뉴턴 이론을 검증해 간 결과 세계의 구성은 뉴턴이 생각한 것보다 더 빈틈이 없으며 안정되어 있다는 점이 드러났으며, 그로 인해 라이프니츠가 옳다는 사실을 보여 주었다.[2] 라플라스는 『우주체계론』(*Exposition du système du monde*)에서 뉴턴의 신을 이 세계를 다스려야 하는 모든 의무로부터 해방시켜 주었다. 그는 태양계의 조절자의 자리를 신에게서 빼앗아 원리에게 넘겨주었다.

---

2 "뉴턴 과학의 발달조차도 … 신이 개입할 영역을 점차 좁혀 놓고 있다. 뉴턴주의자들이 그토록 맹렬히 비난하는 데카르트와 라이프니츠의 신과 마찬가지로 그들의 신도 이 세상에서 더 이상 할 일이 없다." Koyré, *Etudes newtoniennes*, Paris, Gallimard, 1968, p. 40.

우리는 가장 직접적이고 가장 단순한 분석적 질서에 따라 세계의 체계에 대한 주요 결과들을 제시했다. 우리는 먼저 외관상 보이는 천체들의 운동을 고려했고, 그것을 서로 비교하여 실제 일어나는 운동을 알 수 있었다. 우리가 이 운동을 조절하는 원리에 도달하기 위해서는 물질의 운동에 대한 법칙이 필요하며 우리는 연장(étendue)을 통해 그 법칙을 얻을 수 있었다. (「제6판 서문」, 1835)

이처럼 신학이 빠진 우주론은 최초 상수의 보존으로 이해된, 조절에 대한 라이프니츠적 관념을 오랫동안 높이 평가했다. 이러한 지배 도식(schéma recteur)은 패러다임이라고 말하지는 않더라도 미셸 푸코가 말한, 한 시대의 "언술의 규칙성"이라 명명할 수 있는 것을 설명해 준다. 그 시대에 리카르도 경제학의 대상이나 마장디 생리학의 대상은 역사와 역사의 우발성이 영향을 미칠 수 없는 체계였다. 엄밀히 말해 뉴턴주의 우주론이 지속과 점진적 침식을 포함할 수도 있다는 고려는 만유인력이론에 대한 찬탄 속에 가려졌다. 보존법칙의 위세가 너무도 큰 나머지 생물학자들이 유기체의 조절을 더 이상 보존 기능이나 폐쇄된 체계 안에서의 회복이 아니라 적응이라는 관점에서 보기 시작하는 데에는 반세기 이상이 필요했다.

경제, 기술, 생리학

순수하거나 중립적인 명칭은 존재하지 않는다. 영국의 의사 월터 찰턴(Walter Charleton, 1619~1707)은 『인간 본성의 경제에 관련된 해부학적 발견을 포함한 영양, 생명, 자발적 운동의 자연사』와 *Exercitationes de oeconomiea animali*란 제목의 라틴어 번역본을 1659년에 출판했다. 이 책을 통해 그는 두 세기 동안 유기체의 법칙과 인간사회의 법칙 사이의 교환을 좋은 방법은 아니었지만 다소 거친 유비를 통해 가능케 했다. 베르나르의 시대까지 "동물 경제"(économie animale)는 생리학자들이 관심을 갖고 다루는 것을 지칭하는 말이었다.[3]

　　의사, 자연사가, 철학자들에게도 "동물 경제"라는 개념은 동물 기계(뷔퐁이나 라부아지에)나 동물의 구조(흄, 『자연종교에 대한 대화』*Dialogues Concerning Natural Religion*)와 거의 같은 말로 사용되었으나, 그것은 항상 어떤 부분의 사용이나 기관의 기능 조절, 전체의 선을 보장해 주는 서로 다른 활동들의 조정 개념과 연결되어 있었다. 노동의 생리적 분화라는 19세기 초의 개념은 동물 경제의 개념에서 파생된 것으로 기술적 구조와 정치적 행정 규제를 포괄하는 애매한 개념이다.

　　기계 기술의 모든 발달이 기계를 보다 "유기체적"으로 만드

3　　Bernard Balan, "Premières recherches sur l'origine et la formation du concept d'économie animale", *Revue d'histoire des sciences*, 1975, t. 28/4, pp. 289~326 참조.

는 것, 다시 말해 그 작동이 내부로부터 조정되는 유기 체계와 보다 유사한 것으로 만드는 효과를 가졌으며, 그 발달이 생리의학자들에게 동물의 기능을 이해하는 데 새로운 모델을 사용할 수 있는 기회를 제공한 것은 당연한 일이다. 이렇게 하여 "조절자" 개념이 18세기의 생리학 용어에 도입되었다.

영국의 경우 기계의 운동을 조절하는 장치라는 의미에서 조절자의 역사는 광산의 역사(Thomas Savery, *The Miner's Friend*, 1702)와 물레방아의 역사와 깊은 관계가 있다. 스튜어트(Robert Stuart)는 『증기기관에 대한 서술적 역사』(*Histoire descriptive de la machine à vapeur*, 불역 1827, p. 203)에서, 아라고(François Arago)는 『제임스 와트에 대한 역사적 송가』(*Éloge historique de James Watt*, 1834, Paris, Didot, 1839)에서 제임스 와트가 어떤 물레방아의 맷돌 축에 두 개의 무거운 추가 달려 있는 것을 보고 원심력을 이용한 조절자의 원리를 발견했다고 쓰고 있다.

프랑스의 경우 "조절자"를 나선 용수철이란 의미로 쓴 용례는 사베리앵(Alexandre Savérien)의 『수학 물리 대사전』(*Dictionnaire universel de mathématiques et de physique*, 1753, 2권)과 디드로(Denis Diderot)의 『백과전서』(*Encyclopédie*)에 나온다.

기계학이나 시계 제조 이외에도 조절의 개념과 조절자라는 용어가 도입된 기술활동 분야가 존재한다. 그것은 인공항해술 분야인데 이것은 배가 지나갈 수 있도록 운하 안의 물 분배를 조절하는 기술이다. 내가 이 용어를 벨리도르(Bernard Forest de Bélidor)의 『수력건축』(*L'architecture hydraulique*, 1737~1739)이나 랄랑드(Jérôme Lalande)

의 『운하』(*Des canaux de navigation*, 1773)에서 발견하지 못했다면, 첸드리니(Bernardino Zendrini)의 『유수(流水)의 활용, 조절에 대한 법칙과 현상』(*Leggi e fenomeni, regolazioni ed usi delle acque correnti*, Venezia, 1741), 앙드레오시(Antoine-François Andréossy) 장군이 쓴 『미디 지방 운하의 역사』(*Histoire du canal du Midi*, 1799, 2판 1804)에서 여러 차례 만날 수 있다.

와트의 "제어자"(governor)가 원운동과 회귀운동을 하는 종류의 기계를 대표하는 데 가장 적합하다는 사실은 말할 필요도 없다. 이러한 기계는 조절의 고리를 갖춘 회귀시스템을 통해 하나의 기관 안에서 폐쇄된 연쇄회로를 이루며 작동한다.

경제 운영이나 조절기계의 유비가 그토록 오랫동안 그리고 널리 받아들여진 것은 생리학의 역사에 고유한 어떤 독특성 때문이다. 역학에서는 지상의 물체를 다루거나 천체를 다루거나 관계없이 데카르트의 소용돌이나 뉴턴의 만유인력과 같은 가설이 물체의 자유낙하나 천체의 운동과 같은 현상에 대한 관찰로부터 영감을 받지 않았다. 의학은 환자가 겪는 질병과 치유의 경험을 통해 유기체에는 회복과 재통합을 가능케 만드는 힘이 있다는 가설을 세우게 되었다. 이것은 18세기의 거의 모든 의학이론에 공통적이던 한 가지 특징을 말해 준다. 여기에 한 가지 예외는 존 브라운의 이론인데 그는 생명을 외부로부터 유인된 자극성과 같은 것으로 보고 그 위에 적극적 치료의 이론을 세웠다. 이러한 18세기의 이론들은 자연치유력의 존재를 의심할 여지가 없는 가장 확실한 사실로 받아들였다. 그들은 슈탈과 같이 자연치유력을 이성적 영혼이 가지는 존재론적 존엄성의 지위에까지 끌어올리거나 혹은 보일(Robert Boyle)이나 호프만과 같이 원초적인 메커니즘의 차원으로 끌어내리기도 했다(예를 들어 호프만에게는 혈액순환과 같은 것이다). 결론적으로 말해 그들은 히포크라테스도 자연의 이름 아래 자기보존의 능력이 생명체에 고유한 것이라는 사실을 인정했다고 주장했다. 당시에는 자기조절의 기전이나 항독소방어작용, 그리고 자연면역의 존재를 실험적인 방법으로 입증할 수 없었으므로 슈탈과 그의 추종자들은 자연이 일종의 전제정치를 한다고 주장했다. 아마도 보르되는 예외로 하고 슈탈을 읽은 몽펠리에 학파의 의사들에 의해 생리학의 실험적 탐구를 방해한 반기계주의적 독단론이 출현하게 된 사실을 상기하는 것으로 충분할 것이다.

　　당시 철학과 의학 사이의 관계에서 보이는 역설의 하나는 라이프니츠가 슈탈의 정신론(animisme)에 반대하여 그의 동료였던 할레나 프레데릭 호프만의 기계론을 인정한 사실이다. 그러나 우리가 이미 본 바와 같이 라이프니츠는 물질계가 그것을 존재하게 만든 기원의 바깥에 있는 힘에 의해 보존된다는 사실을 받아들일 수 없었다. 그 화학적 조성으로 인해 즉각적인 부패에 노출되어 있는 육체를 보존하는 영혼의 존재는 라이프니츠에게는 고장수리자로서 세상의 구세주인 신의 존재나 마찬가지로 받아들일 수 없다. 라이프니츠와 슈탈 사이의 논쟁에서 슈탈이 『한가한 분주함』(Negotium otium)에서 답한 하나의 텍스트가 주목할 만하다. 그것은 탁상시계와 손목시계 이외에 조직화된 몸의 새로운 모델이 출현했음을 알려 주기 때문이다.

동물의 몸이 증기기관이며 거기서 일어나는 도약이 불꽃과 유사한 폭발에 의해 일어난다는 사실을 의심하는 사람은 정신이 잡종의 원칙에 사로잡혀 있다고 주장하는 이들 외에는 없다. 그들이 주장하는 분리 가능한 정신, 가소적인(plastiques) 본성, 의도한 종류들, 작동 이념, 질료인이나 다른 원질들 등과 같은 것은 역학으로 풀지 않는다면 아무런 의미도 없다. (*Opera omnia*, éd. Dutens, II, 2e partie, p. 149)

이 증기기관으로부터 라부아지에가 최초로 유지나 보존, 회복과 같은 성질을 기계적인 평형장치나 조절장치의 효과와 비교했다. '조절자'라는 용어와 개념으로의 명백한 회귀, 동물을 더 이상 복잡한 기계장치나 엔진에 비유하는 것이 아니라 원동기와 동일시하는 것, 생리작용의 개념에 대한 묘사는 『동물 호흡·발한론』(*Mémoires sur la respiration et la transpiration des animaux*, 1789~1790)을 만들었고 나아가 라부아지에는 세갱(Armand Séguin)과 함께 조절에 관한 최초의 과학적 논문을 작성했다. 그에 대한 관심은 샤를 다랑베르가 『의학의 역사』(*Histoire des sciences médicales*, 1870, p. 1016)에서 간단히 언급했고 프랑수아 자코브가 『생명의 논리』에서 그것을 엄밀하게 분석했다. "동물은 세 개의 주 조절장치에 의해 주로 통제된다."(라부아지에와 세갱, 『호흡』) 이 문장에서 '통제'(gouvernment)와 '조절장치'(regulateur)가 접근하는 것을 알 수 있을 것이다. 세 개의 조절장치는 1) 동물의 열을 생산하는 호흡, 2) '자연이 정해 준' 체온을 유지시켜 주는 발한(라부아지에와 세갱, 『발한』), 3) 호흡과 발한으로 인한 손실을 혈액에 보충시켜 주는 소화 등 셋이다. 라부아지에는 어떠한 용어로 동물생리에 대한 조절장치의 효과를 제시하는가? 균형의 파괴, 균형의 회복, 균형과 규칙성, 효과들이 상호 보완되는 다양한 방법들, 놀라운 보완 방법들, 자연에 의해 이루어진 모든 보상이 용이하고 노력을 들이지 않고 이루어지는 상태인 건강 등과 같은 것들이다. 아주 정확히 이 모든 용어들을 거의 100년 후에 클로드 베르나르가 그대로 사용하게 된다. 그러나 라부아지에는 동시대의 의사들을 앞서 있었음에도 불구하고 그의 세 가지 조절장치 이론에서 히포크라테스 의학의 새로운 모습을 보았다는 점에서 여전히 그 시대의 인물이었다. "이에 따라 우리는 의술은 흔히 자연으로 하여금 스스로 작동하게 내버려두는 것이라는 사실을 알게 된다." 따라서 유기체와 환경 사이의 우연적인 관계를 가리키는 것으로 보이는 다음과 같은 두 구절에도 불구하고 라부아지에의 조절은 아주 보수적인 개념이다. 사람이 "우연이 만들어 내는 상황에 처하게 되는 것", "생명체와 관계를 가지는 모든 것들에서 자연이 확립하기를 바랐던 일반적 자유의 체계는 이미 오래전부터 균형 상태에 머물러 어떤 것도 그것을 교란시키지 못하는 불변의 법칙에 복종하는 물리적 차원의 한 측면에 불과하다." 이렇게 자연은 도처에 조절장치를 마련했다. 그리고 라부아지에는 당대의 모든 의사들과 마찬가지로, 그리고 뷔퐁이나 백과전서파와 마찬가지로 계속해서 유기체를 기계인 동시에 경제로 생각했기 때문에, 찰턴이 자신의 『동물 경제학』(*Oeconomia Animalis*) 헌사에 쓴 것과 같이, 라부아지에는 유기체로부터 사회에 대한 결론을 이끌어 내었다.

도덕의 차원은 물리적 차원과 마찬가지로 조절장치를 가진다. 만약 그렇지 않았다면 인간사회는 더 이상 존재하지 못했거나 아니면 아예 존재하지 않았을 것이다. (『발한』)

보상과 보존은 개별 유기체를 조절하는 법칙일 뿐 아니라 모든 측면에서 생명과 관계된 것이기도 하다. 만약 우리가 뷔퐁이 제기했던 "생명의 양"이라는 개념을 이해하지 못한다면 생물학적 조절이라는 개념이 18세기에 가졌던 폭을 이해하지 못할 것이다. 뷔퐁은 파괴되지 않는 유기분자의 수가 일정하다고 봄으로써 이 문제를 해결했다. 그리고 린네(Carl von Linné)가 제기했던 생명체의 양에 대한 문제는 린네 학파에서 나온 『자연의 운영』(*Oeconomia Naturae*, 1749)과 『자연의 다스림』(*Politia Naturae*, 1760)에서 해결되었다. 동물과 식물의 총 개체수의 비율은 처음에 창조된 동물과 식물 종의 비율로 유지된다. 그리고 땅 위에서의 증식, 구조와 생활 방식의 보존, 먹이의 부족이나 포식 활동의 결과로 인한 과잉 개체들의 파괴 사이의 균형은 이 비율에 의해 유지된다. 린네가 "자연의 균형"이라는 개념을 영국의 신학자 더럼(Derham, *Physico-Theology*, 1713)으로부터 받았다는 사실은 밝혀진 바 있다.[4] 그의 설교는 물리적 배치나 생명의 적응을 신의 선택에 의해 정당화하고자 할 때 자주 뉴턴을 언급한다. 동물 개체의 총수를 보존하는 법칙을 관장하는 신성한 존재를 가리키기 위해 린네는 커드워스나 뉴턴도 부인하지

4   Camille Limoges, Introduction à de C. Linné, *Équilibre de la Nature*, Paris, Vrin, 1972.

않았을 "신성한 조절자"라는 용어를 사용했다(parag. XX). 따라서 생물종들이 자신들의 거주 장소에서 이루는 평형이라는 린네의 개념을 생태적 평형이라는 개념의 선구로 간주하는 것은 불가능하다. 그것은 생태적 평형 개념이 유기체들의 지리적 분포와 생존경쟁에 참여하는 특정 군집 사이에 형성된 일시적이고 가변적인 관계에 대한 다윈 이후의 이론에서만 의미를 가지기 때문이다.

그러나 린네로부터 맬서스로의 이행은 용이했다. 『자연의 운영』을 맬서스 이전의 인구 이론으로 간주하지 않고도 생명체들의 지상 점유와 그들이 거기에서 찾을 수 있는 먹이의 양에 관련된 문제를 인간과 그 사회에도 확장시켜 적용할 수 있었다. 이 점에서 라부아지에가 말했던 도덕적 차원과 물질적 차원의 조절자가 그 효과를 만들어 내는 것을 알 수 있었다. 수학 공식을 떠나 맬서스의 문제는 다음과 같은 것이었다. 경향과 한계를 어떻게 양립시킬 것인가? 생명체의 증식에서 초래되는 과잉과 장소와 먹이의 분배에 나타나는 탐욕이라는 자연의 두 측면을 어떻게 조화시킬 것인가? 동물에게 있어 과잉 군집에 대한 제어장치는 죽음이다. 인간에게는 죽음이 제어장치의 역할을 하기도 하지만 예방적 조치로 죽음에 의한 개입을 감소시킬 수 있는 것은 인간만이 가진 특성이기도 하다. 억제(contrainte)는 이러한 경향을 제어하는 것이다. 그래서 맬서스는 "우리를 지배하는 최악의 성향"에 대한 자발적인 포기를 억제라고 불렀다. 그런데 이득에 대한 계산이라는 현명함이 아니라면 무엇이 고통을 불러일으키는 이러한 억제를 받아들이도록 설득할 수 있겠는가? 맬서스는 이것을 "인구의 법칙을 조절하는 것"

이라고 부른다. 그리고 우리는 사회적 조절자를 가리키는 맬서스의 표현에서 히포크라테스 의학의 도식을 발견하게 된다.

> 공화국의 위대한 치유력(vis medicatrix rei publicae), 즉 자신의 운명을 개선하고자 하는 욕망과 운명이 나빠지는 것에 대한 두려움은 끊임없이 인간을 바른 길로 인도해 왔으며 그 길을 떠나도록 종용하는 모든 언설들을 이겨 내었다. 건강에 대한 이 강력한 원칙은 등등.…

결코 역사적이 아니라 자연적인 것으로 여겨지는 과정, 즉 "그 큰 흐름에 있어 자연의 다른 모든 법칙과 정확히 유사한 법칙"인 인구의 증가는 공리주의 심리학이 인식하는 것과 같은 인간 본성에 자연적으로 내재되어 있는 어떤 힘에서만 조절자를 발견할 수 있다고 상정하는 것이 논리적이지 않을까? 그러나 "건강의 원칙"이라는 이름 아래 차이를 감소시키는 사회 안정화 기능이 존재한다고만 생각하는 것은 영국의 산업혁명과 프랑스의 정치혁명이 사회에 대한 학문에게 자연을 역사로, 균형을 갈등으로 대치하여 설명하도록 요구하는 역사적 순간에 히포크라테스 의학의 또 다른 개념, 즉 사회에 적용된 '위기'(crise)의 개념이 그 의미를 바꾸어 간다는 사실을 무시하는 것은 아닐까?

외부를 통한 조절과 내부를 통한 조절,
오귀스트 콩트와 클로드 베르나르

생물학의 역사에 왜 오귀스트 콩트를 위한 자리를 마련하는가? 그것은 생물학에 대한 그의 철학이 로뱅(Gilbert Robin)이나 세공(Paul Segond)과 같은 일군의 의사들에게 영감을 주어 1848년 생물학회를 창설하도록 이끌었기 때문이다. 그들은 거기에서 클로드 베르나르를 만났으며 그들이 학회에서 제안했던 연구 프로그램은, 특히 그들이 'mésologie'라는 이름을 붙인 환경에 대한 연구는 생물학의 어떠한 방향은 생물학적 조절 개념을 정교화시키는 데 장애물로 작용한다는 사실을 충분히 잘 보여 주고 있다.

오귀스트 콩트는 19세기에 살았던 18세기 사람이다. 에콜 폴리테크닉을 졸업한 콩트는 라플라스 덕분에 뉴턴주의자가 되었다. 그러나 몽펠리에에서 태어난 그는 유명한 몽펠리에 학파로 인해 히포크라테스주의자이기도 했다. 이러한 사실은 '조절하다'와 '조절자'란 용어를 사용하고 남용했던 한 인간의 사유에 자리 잡은 두 가지 성향을 설명해 준다.

1) 내부를 통제하는 것은 외부이다. 태양계의 안정성이 환경의 매개를 통해 생물계를 안정화시킨다.
2) 인간 역사는 한 기원의 발전과정, 즉 인간 본성의 성취 과정에 다름 아니다. 진보는 질서의 발전일 뿐이다.

첫 번째 주장을 정당화하기 위해서는 천문학(19~27번 강의)과
생물학(40~47번 강의)에 관련된 『실증철학 강의』(*Cours de Philosophie
Positive*)의 모든 장의 내용을 상기할 필요가 있다(사회물리학이 실증
철학의 다른 근본적인 분야들과 가지는 필연적인 관계를 다룬 49번 강
의도 빼놓지 말고). 『실증정치학 체계』(*Système de politique positive*)에
나타난 다음과 같이 지극히 의미심장하고 농축된 텍스트를 제시할
필요가 있다.

> 생명의 상태는 본성상 생명을 누리는 유기체와 그것이 완성되는 환경
> 사이의 근본적인 조화를 상정한다는 사실을 우리는 이제 안다. … 그
> 런데 만약 지구가 거의 완전한 원형궤도 대신 혜성과 같은 정도로 중
> 심에서 벗어난 타원궤도를 그린다고 상정한다면 유기체를 둘러싼 환
> 경과 유기체 자신은 먼 훗날 모든 면에서 생명이 실제로 수태될 수 있
> 는 최대 한계치를 극단적으로 넘어서는 거의 무한한 변화를 겪게 될
> 것은 분명한 사실이다. (40번 강의, III, p. 208)[5]

뉴턴이 신의 덕택으로 돌렸던 태양계의 동역학적 특징은 콩트
시대에 와서 라그랑주(Joseph-Louis Lagrange), 라플라스, 푸앵소(Louis
Poinsot) 등에 의해 행성 궤도의 장축에 관련된 불변항 정리와 공중
투사체의 변이들이 상호 보정되는 불변항 차원에서 설명되었다.
교란 문제에 대한 이 해답은 "모든 별들이 중간 상태 주위로 천천

---

5   Schleicher(éd), Paris, 1908년판을 참조함.

히 진동할 뿐이며 항상 거기에서 아주 조금만 벗어난다"는 사실을 보증해 준다(26번 강의, II, p. 175). 콩트는 항상 그리고 최종적으로 항 상성에, 다시 말해 생물학적 항상성, 사회적 항상성, 정신적 항상성 에 의지했다. "외부가 내부를 전혀 조절하지 못할 때" 광기가 생겨 난다(『실증정치학 체계』, III, p. 20[6]). 상위의 것을 하위의 것으로 환원 시키는 유물론을 거부했던 콩트는 생명체의 자발성을 인정하는 데 많은 관심을 가졌다. 그로 인해 콩트는 라마르크를 찬양했음에도 불구하고 환경에 의해 유기체가 결정된다는 것을 받아들이지 못했 다. 그것은 "사실에 의해 배척당하는 데카르트적 자동주의"의 부활 로 여겨졌기 때문이다(*Ibid.*, I, p. 602).

그러나 "항상성과 변이의 원천인 숙명과 자발성 사이의 지속 적인 경쟁"(*Ibid.*, I, p. 441)에서 변이는 항상성에 복종하며 그에 의해 조절된다. "생명체는 자신에게 자리와 양식을 제공해 주는 생명이 없는(inerte) 환경 안에서만 살 수 있다."(*Ibid.*, I, p. 440) 변이성은 그보 다 우월한 생명이 없는 환경에 의해 제한받는다. 환경이 우월하지 않다면 "자연의 변이는 무한해질 것이고 법칙에 대한 모든 개념은 즉시 사라질 것이다. 왜냐하면 불변하는 관계가 모든 곳에서 법칙 의 참된 특성을 이루기 때문이다."(*Ibid.*) 종교까지도 우리의 감정과 생각과 행동에 대한 "외부경제"(*Ibid.*, II, p. 18)의 영향을 반영한다. 콩트는 그 기능을 논란의 여지가 많은 어원으로 설명한다 — 개 별 존재를 조절한다(régler), 상이한 개인들을 연결시킨다(rallier). 종

---

6   Comte, *Système de politique positive*, 4e éd, Paris, Georges Crès, 1912.

교라는 경탄할 만한 단어는 우리에게 "진정한 일체성은 내부의 것을 묶어 두고 이를 다시 외부와 연결시키는 것"(*Ibid.*)이라는 사실을 상기시킨다. 왜 실증주의라는 종교가 사회유기체에 대한 실증주의적 이론으로 사회적 조절자의 기능을 인정했는지 이해하게 된다(*Ibid.*, II, pp. 306, 308).

요컨대 오귀스트 콩트에게 있어 생명체란 외부를 향해 열려 있는 체계이다. 그것은 소위 식물적 생명의 영양공급을 위해서뿐 아니라 항상 식물적 생명에 봉사하는 동물적 생명의 정보를 위해서도 외부에 의존한다(40번째 강의, II, p. 156). "따라서 환경은 유기체에 대한 제1의 조절자이다."(*Ibid.*, II, p. 26) 유기체에게 유익한 것은 환경의 항상성인데 이는 천체역학에서 타당한 보존의 법칙을 유기체에까지 확장한 것이다. 조절은 그것이 유기체의 한 부분이 가진 기능처럼 보이는 경우라 하더라도 위로부터, 그리고 외부로부터 온다. "위대한 히포크라테스 이후로 아는 바와 같이 만약 생명이 보편적인 합의(consensus)에 의해 특징지어진다면, 그 합의는 특별히 모든 곳을 제어하기 위한 목적을 가진 부위에서 우선적으로 이루어져야 한다."(*Ibid.*, I, p. 726) 그런데 이미 아는 바와 같이 뇌는 외부를 지배하기 위해 내부를 지배하는 탁월한 기능을 가지고 있다.

1851년 오귀스트 콩트는 다음과 같이 썼다. "현재 간의 구조가 아무리 미세한 부분까지 알려져 있다고 하더라도, 그 식물적 기능은 이전보다 조금도 더 밝혀지지 않았다."(*Ibid.*, I, p. 730) 그러나 1849년 클로드 베르나르는 『유기체에서 당의 기원에 관한 논고』(*Mémoire sur l'origine du sucre dans l'organisme*)를 발표하였다. 1857년 오

귀스트 콩트가 죽었을 때 베르나르는 콜레주 드 프랑스의 실험생
리학 강의에서 이미 2년 전부터 간의 당 생성 작용을 지칭하기 위
해 '내분비'란 단어를 사용하였는데 당시의 많은 사람들은 이 기
능이 역설적이라고 생각했다. 1859년 『유기체 체액의 생리적 특성
과 병리적 변화』(Leçons sur les propriétés physiologiques et les altérations
pathologiques des différents liquides de l'organisme)에서 내분비 개념은 일
련의 분비선(비장, 갑상선, 부신 등)으로 확장되었는데 당시에 이들
의 기능은 아직 알려져 있지 않았다. 이상이 '내적 환경'(milieu in-
térieur)의 개념을 형성하는 데 필요했지만 충분하지 않았던 처음의
조건들이다. 베르나르는 『실험의학연구서설』(1865), 『프랑스의 일
반생리학 진보와 발전에 관한 보고』(Rapport sur les progrès et la marche
de la physiologie générale en France, 1867), 『동물과 식물에 공통적인 생
명현상 강의』(Leçons sur les phénomènes de la vie communs aux animaux et
aux végétaux, 1878) 등에서 이 개념의 중요성과 독창성을 주장한 바
있었다. 그르멕에 따르면 1857년에 와서 출판되지 않은 강의 원고
의 초고에서 처음으로 "내적 액체환경"(milieu liquide intérieur)이란 말
이 등장한다.[7] "나에 앞서 내적 환경과 외적 환경을 구별한 사람을
나는 보지 못했다."(『보고』, p. 182)

　　사실 클로드 베르나르는 내적 환경을 무엇보다도 세포를 위한
에너지 저장고로 여겼다. 브라운-세카르는 1891년 화학적 정보전달

7　Grmek, "Evolution des conceptions de Claude Bernard sur le milieu intérieur", *Philosophie et Méth-
odologie scientifiques* de Claude Bernard, Paris, Masson, 1967, p. 123.

작용을 하는 물질의 존재를 처음으로 인식했던 것 같은데 이것은 1905년에 가서야 호르몬이라는 이름으로 불리게 되었다. 요컨대 베르나르는 유기체의 세포적 요소들을 서로 연결시켜 통합하는 신경계에 비교할 만한 역할을 자신이 발견한 메커니즘에 부여하지 않았다.[8]

그것은 아마도 그가 중추신경계와 자율신경계에 특권적인 지위를 부여했기 때문일 것이다. 베르나르는 자신의 연구기 생리희적 조절이라는 개념에 처음으로 실질적인 내용을 제공했음에도 불구하고 조절이나 조절자란 용어를 사용하는 데 인색했으며 이 용어의 사용을 혈액순환이나 체열생성 현상을 설명하는 경우에 한정했다. 우리가 『당뇨병과 동물에서의 당 생성에 대한 강의』(*Leçons sur le diabète et la glycogenèse animale*, 1877)를 읽으면 거기에서 "제동기"(frein), "관리자"(modérateur), "대립"(antagonisme)(pp. 398, 451), "유지와 조절기능"(p. 420), "혈당변동조절법칙"(p. 408), "일종의 영구적으로 불안정한 균형으로서의 생리학적 변동(oscillation)"(p. 413) 등과 같은 표현을 만나게 된다. 『동물과 식물에 공통적인 생명현상 강의』에서 베르나르는 생명을 잠재된 생명(vie latente), 동요하는 생명(vie oscillante), 항구적 혹은 자유로운 생명(vie constante ou libre) 등 세 가지 유형으로 구분하는데 구분의 조건은 내적 환경의 일정성이 보충과 균형작용에 의해 얼마나 보장받는가 하는 것이다. 우리는 "균형, 보상, 평형" 등과 같은 표현을 이 책에서 읽을 수 있다(『강

---

8   Grmek, *op. cit.*, p. 140 참조.

의』, I, p. 114). "열 조절"이란 용어는 체열생성 기능에 관한 논문에서 나타난다(I, p. 117). 이 용어는 당시 사람들이 "thermorhéostat"(『리트레 사전』, IV-1872 참조)라고 부른 것과 무의식적인 유비관계를 이룬다. 한편, '조절자'는 『동물 열에 대한 강의』(*Leçons sur la chaleur animale*, 1876)에서 여러 차례 발견되는데 이 용어는 선(腺)의 분비와 혈액 순환에서 자율신경계의 기능을 설명하기 위해 사용되었다. 더구나 클로드 베르나르는 1867년 "심장의 작용과 심장이 이겨 내야 하는 저항력을 결정짓는 신경계의 자동조절자"를 발견했다고 보고했다. 이 보고는 엘리 드 시옹(Elie de Cyon)과 카를 루트비히(Carl Ludwig) 가 심장의 억제신경을 발견한 것(1866)과 관련해 열린 과학아카데 미의 발표에서 이루어졌다. 1845년 베버 형제가 심장 수축을 조절 하는 미주신경의 역할을 밝혀내고, 시옹 형제가 1866년에 교감성의 항진신경을 알아낸 것에 이어 이루어진 억제신경의 발견으로 인해 자동조절자라는 이름 아래 생리학적 되먹임 체계를 이해할 수 있 게 되었다. 체열생성의 경우와 마찬가지로 심장 기능도 기계장치 의 유비의 영향으로 "압력 조절자"(1876)란 이름을 필요로 하게 되 었다. 요컨대 클로드 베르나르는 자신이 신경계를 통한 조절작용 을 처음으로 밝히기도 했지만 그것 이외에 생명체가 가진 다른 연 관 방식을 조절이라고 명명하지는 못했다.

이러한 내적 조절은 콩트가 말한 조절과는 아주 다르다. 콩트 의 조절은 안정된 외부로부터 차용한 항상성의 혜택을 유기체에게 보장한다. 베르나르의 조절은 세포들의 생존에 필수조건이 되는 내적인 안정화에 기반을 두고 있으며 이는 유기체로 하여금 불확실한 환경에 직면할 수 있도록 한다. 그것은 베르나르의 조절이 정상으로부터 벗어남에 대한 보상 기전이기 때문이다.[9]

독일 생리학의 개념적 발전

1840년 비오(Jean-Baptiste Biot)는 호흡에 대한 라부아지에의 연구 결과를 요약하면서 동물의 "세 가지 주요 조절자"를 암시했지만 그가 적절하게 설명했던 동물의 생리현상을 개념화하고 명명하는 데 이르지는 못했다.

> 살아 있는 유기체가 가진 가장 경탄할 만한 특성은 아주 넓은 한계치 사이에서 그 기전들을 변화시켜 나가는 적응력이다. 그들은 끊임없이 진행하며 자신들이 만들어 내도록 되어 있는 공통효과를 향해 효율적으로 나아간다. 바로 이것으로 인해 계속적으로 변하는 외부의 물리적 요인들의 영향하에서도 생명은 존속되고 유지된다. 호흡은 동물의 다른 모든 기능과 마찬가지로 아주 다양한 물리적 환경에서 계속적으로 작동할 뿐 아니라 순간순간 거기에 적응할 준비가 되어 있다.[10]

---

9 "유기체는 균형이다. 균형에 어떤 변화가 일어남과 동시에 이를 회복시키기 위해 다른 변화가 일어난다." 그르멕의 인용, *op. cit.*, p. 145.

10 *Recherches chimiques sur la respiration des animaux par M.M. Regnault et Reiset* (1840), *Mémoires scientifiques et littéraires*, tome II, 1858, pp. 220~221.

그런데 2년 후인 1842년 헤르만 로체(Hermann Lotze, 1817~1881)
는 『바그너 생리학사전』(*Wagners Handwörterbuch der Physiologie*)을
위해 작성한 '생명, 생명력'이란 항목에서 아주 자연스럽게 "조절"
이라는 용어를 신경에 의한 반작용으로 일어나는 교란을 보상하는
순수하게 기계적인 작용을 지칭하는 데 사용하였다. 유기체가 가
진 순수하게 결정론적인 기능을 강조하기 위해 그는 다음과 같이
빈정거렸다. "생명력이 최고의 감시자와 같은 방식으로 자신에게
적합한 것을 선택할 뿐 아니라 그것을 실행하는 것과 같은 불가능
한 일을 요구하는 것은 우리에게 허용되어 있지 않다."(『정신에 대
한 의학적 심리학 혹은 생리학』*Medicinische Psychologie oder die Physiolo-
gie der Seele*, 1852)

　　지금은 잊혀진 로체의 이 텍스트는 감각심리생리학적 연구로
로트슈(Karl Eduard Rothschuh)가 생물학에서 조절 개념의 역사에 대
해 쓴 귀중한 글에 언급돼 있다.[11] 로체는 독일 생리학자들이 신경
계의 기능에 대한 연구를 선호한다는 사실을 잘 보여 주고 있다.
카를 루트비히와 엘리 드 시옹은 심장 박출량의 조절에서 신경억
제자의 기능을 밝혔는데 이러한 신경에 대한 선호는 그들의 연구
가 클로드 베르나르의 연구와 손쉽게 동화될 수 있도록 만들었다.[12]

11　Rothschuh, "Historische Wurzeln der Vorstellung einer selbsttätigen informationsgesteuerten bi-
ologischen Regelung", *Nova Acta Leopoldina*, num. 206, Bd. 37/I, Leipzig, 1972, pp. 91~106. 이 글
에는 생물학에서 조절 개념의 역사에 대한 최근의 연구를 다룬 참고 서지들이 실려 있다. 그는
특히 다음의 글을 언급하고 있다. E. F. Adolph, "Early Concepts of Physiological Regulations",
Physiological Reviews 41, 1961, pp. 737~770. 그러나 아돌프는 로트슈와 나보다는 로체의 독창성
에 덜 민감한 것 같다.

클로드 베르나르 이후 조절이라는 용어는 생리학의 어휘가 되었다. 어떤 단어가 논문이나 논저의 제목에 채택되면 그것이 은유적으로 사용된 경우가 아니라면 그 용어가 그 학문공동체에 의해 인정되었음을 의미한다. 나는 다만 1882년에 리에주의 레옹 프레데리크(Léon Fredericq)가 쓴 논문 「항온동물의 온도 조절에 대하여」와 1901년에 쓰여진 에밀 아샤르(Émile Achard)의 논문 「혈액 구성의 조절 기전」을 지적하고자 한다. 후자의 논문에서 우리는 우리의 출발시점으로 되돌아가지만, 조절 개념이 적합해진 생물학적 기능의 차원으로 전진해 나갔다. 이제 사람들은 복수명사인 조절들(régulations)에 대해 말한다. 드리슈의 논문 제목에 이 복수명사가 등장한다. 어떤 단어가 복수라는 것은 그 개념이 확장되었음을 의미하며 그 개념이 잠정적으로 고정된 의미만을 가질 수 있다는 사실을 말한다. 역학의 개념으로 시작했던 조절 개념은 이제 생물학의 개념이 되었으며 앞으로는 항상성 개념을 매개로 사이버네틱스의 개념이 될 것을 기다리고 있다.

---

12 "Pflüger Nerve Reflex Theory of Menstruation: the Product of Analogy, Teleology and Neurophysiology"(*Clio Medica*, XII, I, avril 1977)에서 Hans H. Simmer는 플뤼거의 목적론적 신경생리학과 시온과 루트비히의 연구를 대립시키며 플뤼거가 1877년에 정식화한 목적론적 인과법칙을 상기시켰다(*Die teleologische Mechanik der lebendigen Natur*): "각 생명체가 가진 욕구의 원인은 동시에 그 욕구 충족의 원인이기도 하다."

II. 다윈 이래 생명과학의 역사에 대해

지크문트 프로이트는 처음 제시된 정신분석 이론에 의해 야기된 스캔들의 효과를 두 개의 다른 유사한 효과와 비교한 바 있는데 그것은 17세기 갈릴레이의 우주론과 19세기 다윈의 생물학이 불러일으킨 것이었다. 이 세 가지 사례에서 인간은 차례로 자신을 안심시키던 세 개의 환상을 박탈당하게 되었다. 그것은 자신을 세계의 중심으로 여긴 환상, 인간의 계통학적 유연관계가 자연계의 특수한 것이라는 환상, 그리고 자신의 의식 전체에 도달할 수 있다는 환상이었다.

갈릴레이와 다윈으로 인한 실망의 연속과 그들의 관계에서 과학사는 방법론적 성찰의 자료를 발견했다. 런던에서 『종의 기원』이 출판된 1859년은 뉴턴의 『자연철학의 수학적 원리』(*Philosophiæ Naturalis Principia Mathematica*)가 갈릴레이의 우주론에 대한 확신을 가져온 지 172년째 되는 해였다. 그때까지 갈릴레이 우주론에 대해서는 이론적이고 실험적인 확증이 결여되어 있었고 이것은 17세기의 일부 뛰어난 지식인들을 당혹스럽게 만들었다. 그런데 갈릴레이 우주론에 대한 확증은 단지 영국의 신학자들을 분노하게 한 것만은 아니었고 무신론에 대해 적절한 반대논거를 제공하는 것으로 나타났다. 리처드 벤틀리(Richard Bentley)는 그의 설교에서, 그리고 윌리엄 페일리(William Paley)는 그의 논문에서 자연신학은 다음과 같이 관찰된 모든 경우에 뉴턴의 도움을 요청했다고 말했다. 그것은 어떤 현상이 부분들의 배열로 모습을 드러낼 때, 자연법칙이 신의 선택을 나타내는 것처럼 보일 때, 주위 환경에 대한 인간의 관계가 다른 종의 생명체들과 마찬가지로 전능자의 배려에서 얻어진 적응으로부터 유래하는 것으로 보일 때와 같은 경우였다. 뉴턴은 "무한한 존재는 세계의 영혼으로서만이 아니라 만물의 주인으로서 모든 것을 다스린다"고 말했다. 우리는 이 섭리론의 반향을 18세기 무신론자들의 저작들 속에서도 찾아볼 수 있다.

그리하여 인간중심주의가 처음으로 패배한 이론적 결과인 태양중심 우주론의 먼 효과가 역설적으로 인간중심주의의 패배를 수용하는 데 장애요인으로 작용했다. 그 결과 인간은 이제껏 신적인 권리를 갖고 왕으로 군림해 온 동물계에서 자신의 위치를 신민으로서 재정립해야 했다. 최근 길리스피(Charles Gillispie)와 리모주와 같은 학자들이 잘 보여 준 바와 같이 유기체의 생식에서 일어나는 개별적인 차이들로부터 시작해서 환경의 압력에 대한 우연적인 적응에 의해 종이 바뀔 수 있다는 생각을 품을 수 있기 위해서는 각 종이 보여 주는 구조와 생활방식의 적응이 미리 결정되어 있다는 관념을 파괴해야 한다. 다윈 이전까지는 생명체가 환경에 절대적으로 구속되어 있으며 여기서 벗어나면 죽을 수밖에 없다고 생각했다. 그리고 생명체는 오직 자신들에게 유리한 환경에서만 번식을 한다고 생각했다. 생명체는 자신들 종의 동일성을 유지해야 한다는 의무 없이 번식하며, 수와 변이들로 이루어진 놀이에 의해 해로움이 가장 적은 곳이라면 어디든지 미리 예정된 장소도 없이, 내일에 대한 보장도 없이 그들이 살 수 있는 곳에서 살도록 되어 있다고 주장했을 때 기준이 근본적으로 바뀐 것이었다. 따라서 다윈의 이름으로 요약되고 지칭되며, 관념이 그것을 지칭하는 말의 어원과 모순되는 이 혁명적인 적응이론이 가능하기 위해서는 뉴턴의 영광과 같은 광휘를 자연사에서는 가려야 한다. 진실의 역사는 단선적이지도, 천편일률적이지도 않다. 우주론의 혁명이 반드시 그에 상응하는 생물학의 혁명을 가져와야 하는 것은 아니다. 우리는 과학사를 통해 과학적 발견이 현상의 어떠한 차원에서는 이데올로기로 타락할 수 있기 때문에 다른 차원에서 진행 중인 이론적 작업에 장애물로 작용할 수 있다는 사실에 보다 주의를 기울여야 한다.

그러나 그 시초에, 특히 실험적으로 증명해야 할 내용이 많이 남아 있을 때는 이 이론적 작업 자체가 이데올로기의 형태를 취하는 일도 일어난다. 이는 자연선택 이론에서 일어난 일이었다. 선택의 개념이 가축 사육 방법에서 생물학으로 수입한 것으로 여겨진다는 사실을 제외하더라도, 경쟁의 바탕에 대한 다윈의 설명은 명백하게 애초에 우주론적이지만 근본적으로는 이념적이고 정치적인 이론에 연결되어 있다. 그것은 허버트 스펜서가 진화론이라는 이름 아래 다듬으려고 시도했던 이론이었다. 다윈 이후 이루어진 생명과학의 역사에 대한 스케치는 만유인력 이론과는 달리 자연선택에 의한 종의 기원에 대한 이론이 많은 사람들에게 무엇보다도 이데올로기로 여겨졌다는 사실을 염두에 두어야 한다.

과거에 뉴턴의 우주론이 갈릴레이가 과감하게 상정했던 일부 이론적 도박을 정당화했던 것과 같이, 19세기 말에조차 형식유전학과 인과유전학의 결정적 성과들은 생명체 집단의 변이 연구에 적용되어 진화에 대한 다윈의 설명을 예상치 못한 규모로 확증해 주었다.

그러나 과거로 거슬러 올라가 잠재된 함의들을 정당화함으로써 이론을 공고화하려는 일련의 시도들은 지난 한 세기 동안 이루어진 생물학 연구의 역사를 단선적으로 재구성할 위험을 가진다. 뉴턴 이후에 사람들은 갈릴레이가 그에 대한 모든 반론에 응답할 내용을 갖고 있지 않은 순간에도 고집스럽게 갈릴레이주의자로 남아 있던 것이 옳았다고 생각한다. 멘델, 베이트슨(William Bateson), 모건(Thomas Hunt Morgan), 도브잔스키(Theodosius Dobzhansky) 등의 이후에 다윈이 종의 진화 문제를 그가 만들어 내어야 했던 용어로 제기했던 것이 옳았음을 사람들은 안다. 이러한 확증이 아직 미래의 일이던 1878년, 통찰력 있는 다윈의 독자였던 프리드리히 엥겔스는 증명이 이루어질 수 있는 방향을 지적했다.

자연계에 존재하는 유기체들은 말하자면 아직 연구되지 않은 자신들 군집을 설명할 법칙을 갖고 있다. 그러나 그에 대한 증명은 종의 진화 이론에 결정적인 중요성을 가질 것이다. 누가 이러한 방향에 결정적

인 추동력을 부여했는가? 다윈 외에 다른 누구도 아니다. (『반뒤링론』, VII, '유기체의 세계')

이러한 기다림이 충족되는 것을 보기 이전에 이 충족이 지연된 이유를 제시해야 한다. 왜냐하면 지연 또한 진보와 마찬가지로 역사이기 때문이다. 그것은 다른 역사에서와 마찬가지로 과학의 역사에서도 그러하다.

* * *

1859년 생명과학의 상태는 어떠했는가? 여기서 생명과학이라는 말은 일반생물학이나 이론생물학만을 지칭할 뿐이고 기술적인 (descriptives) 동물학과 식물학과는 거리를 둔다. 그렇다고 해서 이들 학문을 무시하는 것은 아니다. 『종의 기원』출판 이외에 생물학의 연구에서 어떤 중요한 사건이 있었는가? 1859년은 펠릭스 푸셰 (Félix Pouchet)의 『이상생식 혹은 자연발생론』(Hétérogénie ou traité de la génération spontanée)이 출판된 해이다. 루이 파스퇴르는 이 책의 주장에 반박하기 위해 이미 준비를 해 놓고 있었다. 1859년은 루돌프 피르호의 『세포병리학』(La pathologie cellulaire)이 출판된 해이다. 게겐바우어(Carl Gegenbaur)가 척추동물의 배아는 하나의 세포로 이루어져 있다는 사실을 이미 알고 있을 때였고, 그 내용은 2년 후 출판되었다. 1859년은 또 클로드 베르나르의 『유기체 체액의 생리적 특성과 병리적 변이에 대한 강의』가 출판된 해이다. 여기에서 혈액과 관련해 '유기체 내부의 환경'이라는 표현이 등장하는데 이것은 내적 환경(milieu interieur)을 처음으로 지칭한 것이었다. 또 여기서 혈액에 포함된 기체에 대한 여러 분석실험에 대한 서술을 읽을 수도 있다. 다만 이것은 같은 해에 이반 세체노프(Ivan Setchenov)가 카를 루트비히의 지도하에 그의 실험실에서 클로드 베르나르와는 아주 다른 방법을 사용해 동일한 주제를 다룬 학위논문을 발표했다는 점에서만 주목할 가치가 있다. 요컨대 1859년은 빌건의 원리와 조작 개념, 그리고 실험기술을 갖추고 다음에 관련된 연구들이 과학적으로 확립된 해이다. 1) 단일한 세포의 형태로 존재하는 생명의 기원, 2) 다세포 유기체의 발생과 기본적 구조, 3) 하나의 전체로 간주되는 개별 유기체의 존속과 행동 등. 그런데 이 원리들과 개념들, 그리고 기술들이 반드시 종의 기원 문제에 대한 다윈의 접근 방식을 이해하거나 채택하려는 목적으로 준비된 것은 아니었다.

무엇보다도 생리학자들의 사유 양식과 연구 방법은 생명체의 세계에 대한 다윈의 관점을 일반적으로 받아들이기 힘들게 만든다. 이미 멘델존(Erich Mendelsohn)과 실러(Josef Schiller)가 여러 차례 언급한 바와 같이 생리학은 별로 다윈적이지 않은 선험적 과학으로 제시된다. 그들은 실험실에서 개체들에 대해 실험을 하며, 변동의 통계적 분포보다는 함수의 상수항을 찾아내는 데 더 관심을 갖고 있다. 군집에 대한 사실들, 주어진 사실에 대한 통계적 처리는 그들의 방법론에 들어 있지 않다. 결국 생리학은 클로드 베르나르의 작업에 의해 복잡한 유기체로 하여금 외부 환경과의 관계에서 상대적인 자율성을 보장해 주는 조절 기전의 존재를 발견하고 있는 도중에 있는 학문이었다.

이러한 사정은 신생학문인 미생물학도 마찬가지였다. 효모나 곰팡이와 같은 미생물에 대한 실험에서 확증된 방법을 사용하여 자연발생의 주장들을 하나하나 논박하면서, 또 사람들이 자연발생이 일어난다고 주장하는 모든 실험에서는 항상 미생물이 이미 먼저 존재하고 있었다는 사실을 보여 주면서, 파스퇴르는 생명체는 생명체로부터만 기원한다는 생각뿐 아니라 비슷한 것에서 비슷한 것이 나온다는 생각을 신뢰했다. 그것은 변환(transmutation)의 가설에 토대를 둔 모든 학설에 대한 불신과 엄격함을 강화하는 것이다.

반면 세포설을 처음으로 일반화시키고 로베르트 레마크(Robert Remak)가 세포설을 배아 발생의 초기 단계 연구로 확장시킨 것은 형질 유전에 대한 다윈 작업의 결론과 예견에도 부합하는 것이었다. 동물과 식물의 유기체 구조가 모두 상동형으로 발생하는 사실로 인해 유연관계에 대한 선험적 가설을 배제할 수 없다. 루돌프 피르호는 다윈의 생각에 대해 공감하며 관심을 보였다. "모든 세포는 세포에서 유래한다"는 원리는 "모든 생명체는 생명체로부터 기원한다"는 원리보다는 더욱 개방적이다.

세포설과 다윈의 진화론 사이의 관계는 폰 베어가 약 30년 이전에 초석을 놓은 발생학에 의해 명백히 확립되었다. 그것은 배엽 이론과 서로 다른 유형의 기관 형성이 그 최초의 발생 단계에서 상응한다는 원리에 대한 것이었다. 쾰리커(Albert von Kölliker) 덕분에 체계적인 비교의 학문이 되었고, 알렉산드르 코발렙스키(Alexandre Kovalevski) 덕분에 명백히 진화론적 학문이 된 다윈 이후의 발생학

은 1886년 오스카르 헤르트비히(Oscar Hertwig)가 그의 기념비적인
『발생학 논고』의 서두에서 다음과 같은 폰 베어에서 차용한 문구
를 인용하였을 때 그에게 진 빚을 인정해야 했다. "발생학은 조직
된 몸에 대한 연구의 진정한 횃불이다."

발생학자들과 다윈 사이의 친화는 다윈이 당대의 발생학에서
새로운 차원의 특징적 측면을 알아차리고 그것에 따라 자신이 생
명계의 구성을 이해하려고 노력했다는 사실과 관련이 있다. 이 새
로운 차원은 시간과 역사였다. 물론 그에 앞서 라마르크는 때로 불
규칙적이긴 하지만 조직된 생명체가 "가장 불완전한 것으로부터
가장 완전한 것으로" 연속적이고 점진적인 계열을 형성하며 존재
하게 만드는 능력을 우주적 규모의 지속에 부여했다. 그러나 『종
의 기원』의 근본적인 새로움은 생명이 가지는 시간이 능력으로 여
겨지는 것이 아니라, 뚜렷이 구별되지만 사실은 상보적인 외형에
서 직접 인식된다는 점이다. 화석은 고정된 시간이고, 배아는 작동
중인 시간이며, 흔적기관은 지연된 시간이다. 이들은 현존하는 구
조의 기록보관소이며 생물학자는 이들을 대조하며 읽음으로써 출
발점을 고정하고자 한다. 고생물학의 기록보관소에서 출발점은 가
장 아래에 있는 것이지만 발생학의 기록보관소에서 출발점은 가장
공통적인 것이며, 형태학의 기록보관소에서 출발점은 가장 미발달
된 것이다. 이로부터 낡은 비교해부학이 새로운 모습으로 등장한
다. 계통수는 분류학의 토대이지 분류학에서 나온 것은 아니다. 공
동 조상이 원형을 대체한다. 생물 분류는 형태들이 공존하는 그림
이 아니라 시간의 씨실로 짠 연속적인 화폭이 된다.

생명체의 형태를 구성하는 인자로서 시간을 인정하게 된 것은 즉시 유전될 수 있는 개체적 변이가 예측할 수 없는 방식으로 출현하여, 실질적으로는 멸종으로부터의 생존을 의미하는 자연선택이라는 애매한 이름 아래 자의적이고 일시적인 보존이 이루어지기 때문이었다. 그러나 이 시간인자는 오늘날 상상할 수 있는 모든 자극 효과나 설득력의 무게를 가지지 않았다. 그것은 다윈의 이론에는 중대한 공백이 있었기 때문이다. 어떠한 기전에 의해 변이는 최초의 형태로부터 그 연속적인 효과를 지니면서 현재 주어진 이러저러한 구조에 등록되는가? 알려지지 않은 것은 유전의 과정이었다. 생리적 기능 분석을 위해, 발효와 감염에 대한 화학적 연구를 위해, 배아 발생의 기형 유발을 위해 당시에 폭발적으로 개발된 실험적 기술들을 다윈과 최초의 다윈주의자들이 유전의 기전을 연구하기 위해 거의 사용하지 않았다는 사실은 놀라운 일이다. 그 이유는 기준을 검증하기에 적절한 가설의 부재에서 찾아야 한다. 오늘날 우리는 독립적 특성들의 자의적 결합이라는 개념에 근거해 있다는 사실을 알기 때문에 유전에 대한 실험이 대사에 관한 초창기 실험들에서 어떤 모델도 발견할 수 없다는 사실을 이해한다.

19세기 후반에 살며 20세기를 알린 다윈은 유전의 문제에 대해서는 18세기의 사람으로 남아 있었다. 모페르튀이로부터 다윈에 이르기까지 문제를 제기하는 방식에는 어떠한 변화도 일어나지 않았다. 다윈에 따르면 한 세대에서 다음 세대로 전달되는 것은 전체적으로 극소화된 개별 유기체로 이들은 개별자들을 대표하는 생식세포 안에 농축되어 있다. 그 이전의 모든 다른 사람들과 마찬가지로 다윈도 발생과 유전이라는 두 가지 문제를 혼동했다. 놀라운 사실은 가축 사육자와 원예업자들의 관찰을 그토록 광범위하게 활용한 사람이 유전 현상을 분석하는 데 잡종화 기술을 이론적으로 사용할 생각을 하지 않았다는 것이다.

생물학사가는 과학사에서 보편적인 중요성을 가지는 교훈을 얻을 수 있다. "좋은 관찰자가 되기 위해서는 좋은 이론가가 되어라"라고 말한 사람은 다윈이었다. 똑같은 말을 이론과 실천의 관계에 대해서도 할 수 있을 것이다. 이론이 먼저 만들어져 사실들을 수용할 수 있는 타당성의 조건들이 정해지지 않았다면 어떠한 실천도 이론적으로 활용 가능하고 유효한 사실들을 이론에게 제공하지 못할 것이다. 이것은 이 실천을 따라가는 것이 아니라 인도하기 위해서는 이미 실행된 바 있는 실천을 이용하는 탐구가 먼저 개념화되어야 한다는 사실을 의미한다. 이론과 실천의 거리는 멀다. 어떤 실천도 그 자체만으로 이론을 정초하지는 못한다. 그것은 다른 영역과 마찬가지로 생물학의 영역에서도 그러하다. 이 점에서 로베르트 코흐의 시대부터 오늘날에 이르기까지 의학의 역사는 몇 가지 잘못과 오류, 그리고 극적인 드라마를 포함하고 있다. 그리고 농학의 역사도 예외는 아니다.

* * *

이제는 알려져 있지만 오랫동안 사람들은 찰스 다윈이 실패한 것을 그레고어 멘델은 성공했다는 사실을 무시해 왔다. 거의 전설적인 역사의 영웅이었으나 과학의 무대에서는 제대로 된 배역을 찾을 수 없었던 레오나르도 다빈치 못지않게 멘델도 과학사에서 지극히 특이한 사례이다.

다윈이 비글호의 항해 도중 죽었다고 가정해 보자. 그랬다고 하더라도 진화의 문제는 당시 지성계를 결정적으로 뒤흔들었을 것인데 그것은 동시대에 앨프리드 러셀 월리스(Alfred Russel Wallace)가 있었기 때문이다. 이처럼 때로 과학은 어떤 학자가 없이도 진행될 수 있다.

1865년 브르노(브륀)에서 읽은 모든 발표문의 사본들이 화재로 소실되었거나, 읽혀지지 않은 채로 보존되고 분류되었거나, 읽혔더라도 이해되지 않았다고 가정해 보자. 이 경우 멘델이라는 이름은 그가 있었던 수도원의 역사에만 나타났을 것이다. 유전학의 법칙은 지금과 마찬가지였겠지만 멘델은 그의 업적이 재평가되어 누리는 영예를 누리지는 못했을 것이다. 멘델이 최초로 유전 현상을 발생학의 영역에서 완전하게 분리시켜 그 자체로 충분한 연구 대상으로 만들었기 때문에, 그리고 그는 자신의 방식으로 오늘날 멘델의 법칙이라 불리는 형질들의 조합 규칙을 확립했기 때문에 생물학사가는 시대를 거슬러 올라 그에게 경의를 표해야 하는데 이는 유례가 없는 일이다. 그는 부분적으로만 겹치는 두 이야기를 동시에 해야 한다. 하나는 지식의 실제적인 구성에서 공적으로 일어난 일, 즉 역사만을 인정해야 하는 것으로 이 이야기에는 멘델이 부재하며 멘델의 존재를 알지 못한다. 또 다른 이야기는 삼십여 년 동안 유보된 멘델의 그림자에 관한 것이다. 삼십 년이 지난 후 사람들은 자신들이 막 발견한 것을 삼십 년 전에 알았어야 했다는 사실을 알게 된다. 이 이야기에서는 부재하면서도 존재하는 멘델이 자신은 멘델주의자이며 또 그럴 만한 이유가 있다는 사실을 알게 되는 순간을 기다린다.

여기서 두 개의 역사적 구성이 부분적으로 겹치는 가운데 멘델이라는 인물의 서로 다른 입장을 주의 깊게 구분하는 것이 좋다. 처음 이야기에서 멘델은 존재하지 않는데 그것은 그가 의미 있는 역할을 하지 않기 때문이다. 그의 의미가 없는 것은 자신을 이해시키는 데 실패했기 때문이다. 아마도 이반 페도로비치 슈말하우젠(Ivan Fedorovitch Shmalhausen)은 예외로 하고 멘델을 읽은 극소수의 생물학자들 중 누구도 멘델을 이해하지 못했다. 그것은 네겔리(Carl Nägeli)도, 그리고 유전학으로부터의 확인을 요구했던 다윈주의의 신봉자들도 마찬가지였다. 그리고 이 이야기에 따르면 더프리스(Hugo de Vries), 코렌스(Carl Correns), 체르마크(Erich von Tschermak), 베이트슨의 발견은 재발견이 아니게 된다.

19세기 말이 되기까지는 불가능하고 생각할 수 없는 두 번째 이야기에는 멘델이 존재한다. 왜냐하면 그의 실험과 계산, 그리고 결론이 어떻게 알려지고 이해되었는가를 보여 주기 때문이다. 그러나 정당히 말해 그의 역사적 책임은 무엇인가? 어떠한 지식의 구성에 관련된 주어진 순간에서 개인이 수행한 연구의 역할과 중요성을 평가하는 문제에서 과학사가가 택할 수 있는 기능적 범주들은 그 수가 제한되어 있다. 그런데 어떤 통상적인 범주들도 멘델의 경우에는 적합하지 않다. 그는 선구자가 아니다. 선구자는 그의 모든 동시대인들을 앞서 가지만 그 경주의 중간에서 멈춰 서고 다른 사람들이 그를 지나 종착점에 도달한다. 그런데 멘델은 혼자서 종착점까지 달려갔다. 그는 정초자도 아니다. 정초자는 그가 놓은 토대 위에 건축물을 세운 사람들로부터 무시될 수 없기 때문이다. 멘델의 학문적 업적은 받아들일 준비가 되어 있지 않아 죽도록 내버려둔 조산아와 같이 적절한 범주가 없어 하나의 이미지를 제시하는 것만으로 만족해야 하는가?

멘델은 역사적인 중복, 다시 말해 거슬리는 동시에 불필요한 중복처럼 보이기 때문에, 만약 그의 발견이 당대에 이해되었더라면 그것이 생물학적 연구의 진행을 촉진시켰을 것인가를 묻고 싶은 유혹이 크다. 결국 본의 아니게 멘델의 업적을 복사하게 된 생물학자들의 발견이 가능하게 만든 실험과 이론적 지식의 습득을 근본적으로 변화시키지 않으면서도 말이다.

우리가 무슨 권리로 그러한 유혹에 굴복하는 것을 금지할 수 있겠는가? 역사가가 어떤 학파에 속하더라도 실제로 일어난 일을 이해하기 위해 어떤 인과의 요인을 빼거나 더함으로써 가능할 수 있었을 결과를 상상해서는 안 될 이유가 없다. 과거에 실제로 일어났던 일에 이의를 제기하기 위해 일어날 수도 있었던 일을 허구적으로 구성해 보는 것은 아니다. 정반대로 그렇게 함으로써 학자건 정치가이건 인간이 져야 할 책임과의 관계 속에서 그 진정한 역사적 특징이 부각되며, 운명의 명령과 유사할 수 있는 모든 것을 역사적 서술로부터 씻어 낼 수 있다.

* * *

생명체의 구조와 기능에 대해 우리가 현재 알고 있는 지식은 생물학의 여러 분야에서 얻은 결과와 형식유전학의 결과를 점차적으로 조화롭게 결합시킨 결과이다. 무엇보다도 세포학, 미생물학, 생화학 등이 그러하다. 그러나 이러한 결합이 풍성할 수 있는 것은 결과들을 병치함으로써 이러한 결과들을 얻게 해 준 분야들 사이의 관계를 재편하도록 요구받는 경우에 한한다. 이러한 재편의 가능성은 정보이론과 인공두뇌학(사이버네틱스)이 과학적 사고에 재빠르게 행사하는 영향력 덕분이다. 반세기 전에는 상상할 수 없었던 기술들을 사용하지 않았다면, 엑스선 회절에 의해 결정구조를 연구할 수 없었다면, 전자현미경이 없었다면, 방사성동위원소를 사용할 수 없었다면, 유전의 보존 기능과 혁신적 기능을 마침내 DNA라는 거대분자 안에 위치시킬 수 있도록 허용한 이 모든 연구를 시도하기는 불가능했을 것이란 사실은 두말할 나위도 없다.

사고를 통해 이 연구들을 그 기원으로, 이 연구들을 가능케 한 기술적 조건으로 되돌려 놓아 보자.

1944년 에이버리(Oswald Avery)와 매클라우드(Colin Munro MacLeod), 그리고 매카티(Maclyn McCarty)가 정제된 DNA 분자가 하나의 세균에서 다른 세균으로 유전형질을 전달한다는 사실을 입증했을 때, 마침내 그 기능을 배당받은 이 물질은 1869년 이래 확인된 것이었다. 이 물질을 분리한 미셰르(Friedrich Miescher)는 이것을 '뉴클레인'(nucléine)이라고 명명했는데 이는 멀더(Gerardus Johannes

Mulder)가 '프로테인'(protéine, 단백질)이라 명명한 물질과 구별하기 위해서였다. 거의 40년 후에 코셀(Albrecht Kossel)은 핵산 안에서 네 개의 질소를 포함한 염기를 분석했다. 1930년경 DNA와 RNA가 각각 특징적으로 염색체와 세포질에 있다는 사실이 확인되었을 때, 사람들은 오래전에 발터 플레밍(Walter Flemming)이 1880년에 관찰한 핵의 구성에 염색체라는 이름을 부여하면서 세포학이 염색 기술에 빚지고 있음을 인정했다는 사실을 잊고 있었다. 아닐린을 염기로 하는 합성염료가 없었다면 염료에 대해 가지는 친화성에 따라 이름이 붙는 어떤 물질도 발견될 수 없었을 것이다. 그런데 옅은 보라색의 아닐린 염색은 윌리엄 퍼킨 시니어가 1856년 망친 실험으로 얻은 대가다.

퍼킨이 아닐린 염색을 발견한 1856년은 다윈의 『종의 기원』이 나온 1859년의 3년 전이다. 1869년의 미셰르는 1865년 멘델의 4년 후이다. 그러나 당시 멘델은 존재하지 않는 것이나 마찬가지였다. 멘델이 인정되고, 수용되고, 이해되었다고 가정해 보자. 그렇다면 1870년대에 유전법칙에 대한 지식이 다윈이 말하는 변이와 세포핵에 있는 화학물질을 하나의 동일한 연구 계획안에 결합시킬 수 있었을까? 여기에 대해서는 명백하게 아니라고 대답해야 한다. 그러한 계획은 대상을 가질 수 없었을 것이기 때문이다. 여기서 말하는 대상은 연구의 대상이자 작업의 재료이다. 과학사는 지식에 대한 이론적이고 실험적인 작업이 연구 대상을 구성시키며, 대상이 완전히 준비된 상태에서 그것을 만나는 것이 아니라는 사실을 다시한번 보여 준다.

다윈주의 생물학은 다윈 자신부터 시작해 다세포를 가진 동물이나 식물 유기체의 종들에 관심을 가진다. 세포학자들은 요소들 (즉 세포)에 대해 연구를 하는데, 세포설은 개별적 단계로 이루어진 위계 안에서 그것을 전체로서 간주하는 경향이 있었다. 피르호, 클로드 베르나르, 헤켈(Ernst Haeckel)은 각자 이 위계를 세포들의 국가, 사회, 공화국이라 불렀는데 이는 은유적 표현만은 아닌 것으로 부인다. 1880년대에 스트라스뷔르거(Eduard Strasburger)와 반 베네당 (Edouard Van Beneden)은 "유전의 본질은 특정한 분자구조를 가진 핵 내의 물질이 전달되는 것"이라는 아우구스트 바이스만(August Weismann)의 생각을 유성생식하는 후생동물의 난자나 꽃식물의 화분, 혹은 선형기생충의 난자에 대한 관찰을 통해 입증했다. 오늘날 한편으로는 "진정한 의미의 선택 과정은 무성생식을 하는 종에서는 불가능하다"고 말하고, 다른 한편으로는 획득형질의 유전이 일어날 수 있다면 이는 단세포의 경우에만 가능하며, 단세포의 감수분열은 최초의 개체에 기입된 변이들을 분열된 각 부분에 나누어 준다고 말하는 바이스만의 주장에 어떻게 놀라지 않을 수 있겠는가? 오늘날 거대분자구조, 유전적 복제, 돌연변이, 군집 속에서 개체의 선택 등을 연구하기 위해 세균을 선택적이고 체계적으로 이용하는 것과는 거리가 멀다. 단세포생물은 당시에는 하나의 유기체로 거의 인정되지 않았던 것이다.

그러나 이보다 20여 년 이전에 파스퇴르는 화학을 단세포생물 연구에까지 확장시켰는데, 단세포생물이 세디요로부터 미생물이란 이름을 부여받은 것은 1878년이었다. 로베르트 코흐의 연구는 전 세계적으로 세균학 연구를 자극했다. 그것은 아마도 이들이 변질, 감염, 포도주나 맥주의 문제, 누에나 닭이나 양이나 사람의 질병을 일으키는 인자로서 연구되었기 때문이다. 그러한 이유에서 세균, 간균, 미생물 등은 생명체, 즉 스스로 번식하는 참으로 살아 있는 존재를 결정체와 다른 존재로 만드는 법칙의 연구에 부적합한 대상으로 여겨졌다. 어떻게 생명체를 위협하며 기생하며 파괴하는 존재들에서 생명체의 법칙(유전의 법칙)을 발견하도록 바랄 수 있겠는가? 그것은 생물학자를 포함하여 모든 사람들에게 미생물은 부정적으로 인식되고, 이론적 연구의 대상으로 긍정적으로 평가되지 않았기 때문이다. 따라서 의학미생물학의 성공은 미생물에 대한 생화학의 탄생을 지연시켰을 것이다. 어쨌든 19세기 말 다윈주의에 대한 미생물학의 기여는 생존경쟁 효과를 관찰할 수 있는 새로운 영역을 제공했다는 데 한정된다. 실험실의 배양 환경에서 단세포들은 영양과 산소, 그리고 마침내는 생명을 위해 투쟁한다. 그래서 1909년에 케임브리지에서 있었던 『종의 기원』 출판 50주년 기념식에서 엘리 메치니코프(Élie Metchnikoff)는 파스퇴르연구소의 이름으로 한 축사에서 미생물학과 자연선택이 서로의 관계에서 얻을 수 있는 상호이익에 대해 말할 수 있었다.

따라서 우리는 그레고어 멘델의 논문이 당대에 알려지고 이해되었다 하더라도 아마 20세기 중반에 결과적으로 일어난 생명과학들의 수렴과 협동 현상을 촉진시키지는 못했을 까닭을 안다. 우리가 현재 가진 지식, 즉 생명체의 체계가 가진 서로 다른 성질들에 대해 얻은 지식들은 전적으로 통일된 것은 아니지만 분명 일관성 있고 정리된 것이다. 구조적 영구성, 기능적 항상성, 개체의 적응 프로그램, 환경이 군집의 유전자 풀에 가하는 압력, 달리 말해 유전자의 항상성에 의해 일어나는 적응 프로그램의 변화와 같은 것들이다. 당대에 멘델은 다윈의 이론을 입증해 줄 수 없었다. 반대로 사람들이 다윈주의, 즉 진화론에 쏟은 열정적 관심은 유전에 대한 멘델의 이론을 엉뚱하고 시대에 뒤진 생물고정론(fixisme)으로 간주할 가능성이 컸다. 신멘델주의자들은 멘델을 부활시키기 이전에 멘델의 실험을 되풀이해 다윈 이론을 확인해 줄 수 있었다.

제임슨 왓슨(James Watson)은 자신이 프랜시스 크릭(Francis Crick)과 함께한 DNA 구조의 발견에 대해 1953년에 이루어진 유전 정보의 해독은 "다윈의 책 이후 생물학에서 가장 유명한 사건"이라고 생각할 수 있다고 말했다. 역사로 하여금 그에 대한 판단을 하도록 하자. 어쨌든 거의 한 세기 전과 지금의 연구 대상과 도구와 방법을 비교해 보면 생명과학의 역사는 진정한 역사, 즉 단절과 새로운 발명들의 연속이라는 사실을 알게 된다. 만약 생명과학의 역사를 생명의 역사에 겹치는 일이 부적절하게 보이지 않는다면 나는 이를 돌연변이라고 표현할 것이다. 지성의 기회주의라고 의심받지 않는다면 변증법적 도약이라고도 표현할 것이다. 어떤 은유와 모델을 사용하는가는 중요하지 않다. 무엇보다도 중요한 것은 "누구에 의해서"가 아니라 "무엇에 의해서, 그리고 어떻게" 이 역사가 이루어졌는가를 보여 주는 일이다.

우리는 그것이 생물학에서 "새로운 과학적 대상"을, 다시 말해 다과학적(polyscientifique)이거나 간과학적(interscientifique)인 대상을 구성함으로써 이루어졌다고 생각한다. 그것은 여러 영역에서 공통적으로 다루는 대상이라는 의미가 아니고 이 영역들이 협동한 결과로 구성되는 대상이라는 사실을 이해하자.

1859년에는 살아 있는 유기체에 대한 물음이 흩어져 있었는데 이는 18세기의 유산이다. 기술들은 임시변통적인 것이었으며 흔히 고립되어 있었다. 이론은 드물었고 단편적이었다. 그들의 연구 장소가 어디든 간에, 다시 말해 다윈과 같이 땅 위에서 하건 혹은 조직학자나 발생학자나 생리학자와 같이 아직은 공방의 티가 나는 실험실에서 하건 연구자들은 다른 곳에서 이루어지는 일과 논의되는 것들에 대해 알고는 있었지만 그들의 연구 방법은 상당 부분 서로에게 낯선 것으로 남아 있었다. 『수고』(*Carnet de Notes*)에서 클로드 베르나르는 다음과 같이 썼다. "지나친 현미경의 사용은 생리학에 해가 된다. … 현미경은 정신을 위축시킨다. … 수학에서 가능한 중요하게 고려해야 하는 양의 개념은 생물학에서는 가능한 중요하지 않게 고려해야 한다." 이 뒤에 한 말들은 명백하게 당시 독일의 생리학자들, 특히 루트비히를 겨냥한 것이었다. 물론 루트비히는 각 영역들과 기술들이 반드시 협력하여야 한다는 생각을 누구보다도 강하게 갖고 있었다. 그러나 라이프치히의 유명한 연구소에서도 이들은 협력하기보다는 단순히 병존하고 있었다.

오늘날의 DNA에 대해 살펴보자. 말 그대로 오랜 기간에 걸친 기술적 작업과 이론적 작업이 DNA를 인공물로서가 아니라 "초현실적인", 다시 말해 비자연적인 대상으로서 존재할 수 있게 만들었다. DNA는 19세기 말 이후 만들어진 새로운 과학적 대상의 모음,

즉 세포추출물, 중간대사산물, 초파리의 유전자, 돌연변이 세균의 배양… 가운데서도 가장 최근의 것이다. 생물학의 새로운 대상들은 미세추출, 미세해부, 대수학, 통계학, 전기광학, 효소화학 등이 교차하는 곳에 위치하고 있다. 그러나 이 새로운 생물학적 대상은 그 대상을 태어나게 만든 작업에서 생겨난 새로운 생물학을 전제로 갖고 있다. 여기서 물리학이나 화학과 같은 학문의 이름에 "생물학적"이란 형용사형을 붙이거나 보다 근본적인 "생"(bio)을 붙이는 것은 어떤 새로운 영역을 한정하는 것이 아니라 새로운 정신적 태도로 전환했음을 의미한다. 생물물리학, 생화학은 또 하나의 새로운 물리학, 또 하나의 새로운 화학이다. 특히 생화학은 세포의 에너지 대사 문제와 관계하면서 저온에서 일어나는 반응의 연구와 인접 상태의 평형에 대한 연구에서 도움을 받아야 했다. 마찬가지로 새로운 생물학은 19세기 말에는 상상할 수 없었던 구조나 기능의 미묘함을 대상으로 삼고 있다. 이 대상은 이제껏 생명체의 고유한 특성으로 알려진 성질들을 차례로 포기함으로써 얻어진 것이다. 예를 들어 생식을 연구하기 위해 성을 포기한다거나 효소 분해 작용을 연구하기 위해 개별 세포의 통일성을 포기하는 것과 같은 일이다. 생명은 비생명과 가장 근접하게, 즉 전통적인 생명의 특성들을 최대한 배제한 상태에서 연구된다.

이러한 이유로 1859년에 주요 문제 중의 하나였던 생명의 기원에 관한 문제가 우리 시대에 그 구조의 문제와 연결되고 동일한 방법들에 의해 연구될 수 있었다. 오늘날 사람들은 자연사의 문제를 해결하기 위해 실험을 한다. 『종의 기원』의 마지막 줄에서 다윈은 "창조자의 숨결 아래 여럿, 혹은 하나의 형태를 활성화시키는" 생명에 대해 언급했다. 창조주를 언급한 것은 사실 그 너머에서는 진화의 법칙에 의한 설명을 멈추어야 하는 한계가 존재한다는 사실을 인정하는 것에 다름 아니다. 생명체는 진화가 가능한 곳에 존재한다. 진화는 생명체가 존재하는 곳에서 일어난다. 최초 생명체의 형태에 대한 문제의 해결책이 파스퇴르와 푸세를 나누었다. 만약 쥐나 파리가 자연적으로 발생한다는 사실을 더 이상 믿지는 않았지만 적충류가 자연발생한다고 믿는 사람들은 있었다. 생명체를 구성하는 물질의 거대분자구조를 발견함으로써 역사를 거슬러 올라가 얻어진 동일한 질문에서 유기체의 진화와 화학 진화를 연결시킬 수 있게 되었다. 거대분자에 대한 고생물학, 전생물학적 존재에 대한 고생물학은 존재하지 않으므로 대상이 화석을 통한 생명체의 기본적인 구조 분석의 한계를 벗어난 곳에서 생물리학과 생화학이 교대를 한다. 실험노트가 자연사를 대신한다. 이들의 종합은 현미경으로 볼 수 없는 미세구조들의 출현 단계를 모방하고, 관찰된 정보가 없는 상태에서도 합리적으로 진화를 재구성하려고 시도한다. 최초에 화학적 원소들이 가진 커다란 다양성으로부터 출발해서 진화의 끝에서 얻어진 생화학적 단일성이 생명체가 복잡한 구조를 선택할 수 있도록 해 준다. 다윈이 말하는 선택에 의한 설명의 타당성이 생물학적인 영역을 넘어 전생물학적(pré-biologique) 영역으로까지 확장될 수 있을 것인가? 유전 정보가 구성되고 난 이후의 진화가 그 이전의 진화와 같을 수 있는가? 어떻게 혼돈스러운 화학 반응으로부터 자기보존과 자기생식이 가능한 질서 있는 대사로 이행할 수 있는가? 오파린(Aleksandr Oparin)의 "protobiontes" 나 피리(Norman Pirie)의 "éobiontes"는 현존하는 생명계를 지배하는 동일한 기전에 의해 적응해 살아남았는가? 백 년이 지난 오늘날 생명의 기원에 대한 다윈과 파스퇴르의 연구는 동일한 탐구의 상보적인 측면이 되었다. 1957년 모스크바에서 열린 생명의 기원에 대한 국제 학회의 성과로부터 이러한 문제에 대한 학제간 연구의 필요성에 대해 얼마나 많은 자극을 받았는지는 새삼스레 상기할 필요가 거의 없다.

제기된 적은 없지만 수십억 년 이전 우주적 차원에서 해결된 문제를 실험실 차원에서 실험적으로 탐구하는 가운데, 현대과학은 철학적이라고 말할 수 있는 문제를 제기한다. 우주 탄생의 가설에 의해 결정된 상황에서 우주적 단위의 과거로 소급하는 외삽에 의해 지구상에 존재하는 생명의 전체 역사를 재구성하려는 기도는 주어진 현재 상태로부터 가정된 최초의 상태로, 즉 현존하는 유기체의 원초적인 구조에 이르게 된다. 진화에 의해 보존되고 현존하는 유기체에 통합된 대사들이 최초의 생명체들이나 오늘날 사라져 버린 중간 단계의 생명체들에서 작용하던 대사들의 총체가 아닌지를 물어야 한다. 기원의 재구성은 현재를 구속하는 사실에 의해 미리 제한된 가능성의 영역을 탐구하는 것이다. 어느 날 결과를 예측할 수 없는 상황에 의해 오늘날 살고 있는 우리 같은 생명체와는 다른 생명이 시작될지 어떻게 알겠는가?

많은 유전학자나 생화학자들에 의해 너무 쉽게 해소되거나 논의에서 제외된 어떤 물음들은 아마도 이러한 수준의 물음에 해당

될 것이다. 각각의 유전자는 돌연변이에 의해 어떤 변화를 일으킬 수 있는데 이 유한한 수의 유전자들로 조합이 가능한 수는 실제로 실현될 수 있었던 수보다 무한하게 많다. 순간적으로는 가능하더라도 시간이 지나면 맞지 않게 될 유기체 각 부분의 무작위적인 결합에 대한 루크레티우스의 추론을 진화가 지속되는 다양한 순간에 적용할 수 없다. 자연선택은 대수적으로 가능했던 모든 것들이 아니라 생존 가능했던 것만을 제거할 수 있었다. 생존 가능한 것이란 어느 정도의 시간 동안 환경과 관계를 맺을 수 있는 모든 것들을 의미한다. 유전 정보란 오류를 제거하고 난 이후에 얻어진 정보가 보존된 것이다. 그러나 이 오류는 조합상의 오류가 아니라 시도나 시험에 의해 어떠한 결합이 실패로 나타난 것이다. 이러한 시도에서 유기체는 환경과 관계를 맺는다. 유전자형의 돌연변이는 그것이 무관한 것으로 드러나더라도 단순히 내적인 규칙으로부터의 이탈을 의미하지는 않는다. 그 또한 하나의 반응, 즉 환경의 작용에 대한 반작용이다.

때로 자신들의 한계를 넘어서는 야심을 보이는 일부 생화학자들에 대해 소위 생태학적 문제를 탐구하는 전문적 생물학자들은 환경이 유기체에 작용하는 양식에 관련된 탐구에는 특수성이 있다고 주장한다. 이러한 주장은 19세기 동안 많은 오해를, 20세기에는 곤란한 갈등을 불러일으켰다. 모든 이데올로기적인 이용을 제외하고도 여기서 문제가 되는 것은 적응의 의미이다. 오늘날 목적론에 대한 의지를 제거하는 데에는 거의 모두가 동의하지만, 여전히 많은 사람들이 우연에 의지하는 것은 완전히 만족스러운 설명이라고 생각하지는 않는다. 목적론도 우연도 아니라면 생명체의 기회주의 외에는 무엇이 남게 되는가?

생화학과 유전학에 의해 함께 얻어진 지식의 양이 아무리 많고 풍부하더라도 유기체가 자연환경과 평형을 이루기 위해 행사하는 통제를 지배하는 법칙에 대한 탐구는 결코 유보되지 않는다. 이반 파블로프(Ivan Pavlov)가 잘 보여 준 조건화 현상이건, 아니면 보다 일반적으로 신경이나 호르몬을 포함한 모든 유형의 통합 과정에 관한 것이건 생리학자들의 연구는 중요한 의미를 갖고 있다. 세포 수준에서 신종형성의 기전에 대한 지식이 확장될수록, 세포 수준의 분업이 정보교환 기전에 의해 조절되는 방식을 알아야 할 필요성이 더욱 절실해진다고 말할 수 있다. 이 영역에서 수용 장치, 조절 장치, 되먹임 회로에 대한 연구는 수학적 모델의 구성과 서보(servo) 장치에 대한 이론에 적합한 방법과 생각과 계산의 사용에 도움을 청한다. 비록 이 서보 장치의 작동이 결국 유전 정보의 풀에 프로그래밍되어 있다 하더라도 이들의 차이를 연구하는 것은 여전히 생리학자들의 몫으로 남는다.

유기체의 행동 연구도 마찬가지이다. 행동의 원인을 타고난 강제적 유전 프로그램의 탓으로 돌리더라도 특별한 독창성을 요구하는 비교 관찰과 실험이 없을 수 없다. 우리들 각자는 자신의 모국어로 말하지만 우리가 말하는 언어는 비록 집단적인 사용에 의해 정형화되어 있다 하더라도 예기치 않은 이러저러한 상황에서 말해야 하는 것들을 포함하고 있지 않다. 마찬가지로 나무에 사는 동물은 동굴에 사는 동물의 행동 방식을 갖고 있지 않으며 어느 한

쪽을 훈련시킨다고 해서 다른 쪽의 행동 양식을 얻을 수 있는 것은 아니다. 그러나 나무에 사는 어떤 원숭이는 기하학적 형태를 가진 다른 대상들, 즉 비자연적인 대상들로 인간이 부재하는 세계에는 존재하지 않는 것들을 구별할 수 있다. 이제 우리는 여기, 생물학의 경계선에 위치한다.

* * *

다윈의 시대부터 오늘날에 이르기까지, 더욱 정확히 말하면 1900년에서 오늘날까지 생명과학은 19세기에 제기된 대부분의 문제는 연구 대상의 수준을 변화시키고 새롭게 질문하는 방식을 통해서만 해결책을 발견할 수 있었다는 사실을 가르쳐 준다. 19세기 화학자들이 개발한 기술과 성취 덕분에 1854년 오귀스트 로랑은 화학이 존재하지 않는 물체에 대한 과학이 되었다고 말할 수 있었고, 1860년 마르셀랭 베르틀로는 화학이 자신의 대상을 창조한다고 말할 수 있었다. 생물학자들이 허풍으로서가 아니라 책임을 지고 이 말을 되풀이할 수 있기 위해서는 거의 한 세기가 필요했다.

이 대상에서의 혁명, 그리고 관점의 혁명은 물리학이 사례들을 주기 시작하지 못했다면 가능할 수 없었다. 어떤 의미에서 물리학자와 화학자가 물질을 탈물질화시켰기(dématerialisér) 때문에 생물학자는 생명을 탈생명화시키며(dévitaliser) 설명할 수 있었다. 인간이 유기체상에서, 그리고 그 안에서 지각하고자 추구한 것은 태곳적부터 자연이 제공해 준 것이지만 이제 인간은 그것을 실험실 안에서 다시 생기게 한다. 다윈주의는 기술적(descriptif)인 것으로부터 연역적인 것이 되었다. 생체해부적이던 생리학은 수학적이 되었다. 눈이나 손이 더 이상 분별하거나 잡을 수 없는 것은 검출 기구의 능력에 위임되었다. 기계장치나 전자계산기가 없는 생물학은 더 이상 존재하지 않는다. 생명에 대한 인식은 이제 새로운 자동기계장치에 의존한다. 자동기계장치는 생물학의 모델이자 도구이자 대표자이다. 생명이 어떻게 작동하는가를 보다 잘 알고 싶다면 살아 있는 인간의 기능을 모방하는 모의장치의 협력을 받아들여야 하며, 그들과 함께 사는 것을 받아들여야 한다. 인간이 제기한 중요한 문제들이 과학이라는 이름에 합당하도록 자연스런 대상을 낯선 것으로 만들기 위해 인간이 얼마나 노력해야 하는가가 지금처럼 명백한 적은 없었다.

III. 생물학적 사유의 역사에서 정상성 문제

생물학사가인 에밀 라들(Emil Radl / Emanuel Rádl)은 19세기 초의 생물학자들이나 생물학사가들이 갈릴레이와 데카르트를 현대 생명과학에 효율적인 방법을 도입한 인물로 열거하는 것을 보고 놀라움을 금치 못했다. 그것은 "사실 그들 중 누구도 고려할 만한 가치가 있는 생물학적 개념과 관계가 없기 때문이다".[13] 이 프라하 출신의 생물학사가는 이미 후에 환원주의라고 명명된 주장에 대해 반대의 입장을 세웠는데 환원주의의 중요한 공리들은 빈 학파가 만들었다. 라들은 분명하게 이 생물학적 철학[환원주의]과 거리를 두는데, 이 철학에서는 다윈 이후 실증주의자들의 금지와 유물론자들의 명령이 실험실의 합리주의로 융합되었고 그것은 당시 정치적 급진주의와 동형이었다. 만약 생명이 물질에 불과하다면 정신, 불멸성, 사

---

13 Emanuel Rádl, *Geschichte der biologischen Theorien in der Neuzeit*, 2e éd. Gänzlich Umgearbeitete Auflage, Leipzig und Berlin, 1913, I. Theil, Vorwort, s. VIII. 원문: "Auch von den Biologen wurde ein Galilei, ein Descartes als Begründer der neuen Auffassung des Lebens gepriesen, obwohl an dieselben keine beachtenswertere biologische Idée anzuknüpfen ist."

제들의 권력도 종말을 고한다.

그러나 생물학적 개념(Idée biologique)이란 무엇인가? 아니 생물학적인 것의 개념(idée du biologique)은 무엇인가? 생물학의 역사는 이러한 물음에 대답할 수 있을 것인가? 혹은 생물학의 역사가 과학사에 속할 권리를 가지기 위해 이미 이 물음에 어떠한 대답을 해야 했었던가?

만약 어떤 과학의 역사가 그 과학이 오늘날 자신의 고유한 내상을 구성시킨 연속적인 시도와 곤경, 그리고 그 반복을 재현하는 데 성공하지 못한다면 분명 그 목표를 놓치게 될 것이다. 이천 년 이상이나 된 기하학이나 천문학과는 달리 생물학은 아직 이백 년이 되지 않은 학문이다. 이 용어가 제시되었을 때 기하학은 자와 컴퍼스를 갖고 그리는 형태의 과학을 지칭하는 용어이기를 그친 지 오래되었고, 천문학은 오직 태양계에 대한 연구만을 지칭하는 용어이기를 그쳤다. 이 두 학문의 경우 학문의 영역을 나타내는 기표(signifiant)는 동일하지만 그 기원과 단절되어 역사 속에 존속하고 있다. 반면 생물학의 경우 그 용어의 발명과 개념은 반복해서, 그리고 보다 일관성 있게 그 과거와 단절되지 않은 영역의 대상을 규정하려는 야심에 부응하고 있다.

생물학이란 용어는 라마르크가 1802년에 발표한 『수지질학』(*Hydrogéologie*)에서 처음으로 사용하였다. 『동물철학』(1809)의 서문에서 그가 이 용어를 언급했을 때 그는 '생물학'이란 제목이 붙을 저작을 암시하고 있었으나 이 책은 저술되지 않았다. 놀랍게도 이 서문은 "가장 완전한 동물로부터 가장 불완전한 동물까지의 계열을 가로지를 때" 만나는 동물계 구성의 일반적 문제를 다루고 있다. 그런데 '존재의 단계'라는 개념에 포함되어 있는 위계화된 동물 계열이란 개념은 아리스토텔레스의 『동물론』(*Historia animalium*)과 『동물기관론』(*De partibus animalium*)을 대신하는 새로운 생물학의 대상을 구성한다. 생명체를 둘러싸고 있는 변화하는 환경의 작용 아래에서 습관의 힘에 의해 기관이 변형된다는 생각은 라마르크의 고유한 발명인데, 이는 자연사가들이 제시한 분류의 공백과 불연속성을 넘어 "자연의 질서 자체"를 복원하려는 분명한 목적을 갖고 있다. 그 질서는 기형들에 의해서도 무시될 수 없는 유기체 조직의 명백한 발전과 단계 상승을 의미한다.

생물학이란 용어와 개념을 만든 또 다른 사람에 대해 알아보자. 트레비라누스(G. R. Treviranus)는 1802년 출판한 『자연 탐구가와 의사를 위한 살아 있는 자연에 대한 생물학과 철학』(*Biologie oder Philosophie der Lebenden Natur für Naturforscher und Arzte*, 제2권; 최종권인 제4권은 1822년에 출판되었다)이란 제목의 책에서 생명현상에 대한 자연사가와 의사의 철학적, 다시 말해 일반적 개념을 분리, 혹은 구별할 생각이 없다고 말했다. 그래서 19세기 초 생명체 연구에서 새로운 논리적 지평을 연 새로운 관점은 자연사가와 의사의 관점이, 다시 말해 탐구와 복원의 관점이 전통적으로 얽힌 채로 남아 있었다. 퀴비에는 『자연과학사』(*Histoire des Sciences Naturelles*, 제6강)에서 자연사가로서 아리스토텔레스가 의사인 아스클레피아데스(Asclēpiadēs)에게 진 빚을 강조하고 있다. 찰스 싱어(Charles Singer)는 같은 맥락에서 히포크라테스는 의학의 성스런 아버지이기 때문에 생물학의 아버지라고 말할 수 있다고 했다.

그러나 19세기 초 이래 생물학의 고유한 대상에 대한 정의에서 완전함과 불완전함, 정상과 비정상 등과 같은 가치론적 차원의 개념들은 완전히 배제되었다. 치료를 위한 기획이 한때는 생물학자가 실험실 작업에 대해 가지는 관점에 의미를 부여하거나 보다 정확히 말하면 그것을 왜곡시켰으나 이제는 생물학적 지식을 적용하는 데 스스로를 한정시킨다. 그 결과 정상성의 문제는 생물학적 사유의 역사에서 비현대적인 과거의 문제로 고려되어야 한다고 여겨질 것이다. 그러나 나는 이와 정반대라는 사실을 논증할 것이다. 이를 위해 무엇보다도 역사적 여정의 종착점에 우리의 관심을 의도적으로 집중해 보자. 우리 시대의 생화학자들에게 자기보존, 자기생식, 자기조절 기능은 세균과 같은 미생물의 특징적 성질이라는 사실을 상기하자. 또한 이러한 기능들의 모델은 연구 결과를 일반인들에게 대중화시키는 사람들에 의해서만이 아니라 연구자들 자신에 의해 아주 흔히 "완전 자동식 화학공장"[14]으로 제시된다는 사실을 상기하자. 유기체의 기능이 이와 유사한 기계의 기능보다 우월하다는 점을 여기에 덧붙이자. 유기체는 확실성은 아니더라도 적어도 신뢰도에 있어서, 그리고 생식과정의 실수와 잘못을 찾아내고 교정하는 작용이 있다는 점에서 기계보다 우월하다. 생물학의 대상이 되는 생명체를 특징짓는 정의들은 생물학이 역사적으로 형성되는 과정 속에서 차례로 나타나는데 이를 하나의 주제로 보

14   François Jacob, *La logique du vivant*, Paris, Gallimard, 1970, p. 302.

존시키는 일종의 법칙이 작동하는 것은 아닌가 여겨지게 만든다. 이러한 가설에서 물리학이 거시적 대상들을 다루던 시대에 과학철학자들과 과학사학자들이 만들었던 과학에 대한 개념과는 반대로 생물학은 다른 과학들과 같은 과학이 되지는 않을 것이며, 생물학의 역사는 문제의식이나 서술 방식에 있어 그러한 특징을 반영하게 될 것이다. 왜냐하면 생물학의 역사에서 가정되는 주제 보존의 법칙은 생명이 어떠한 형태를 취하건 생명체는 자기조절에 의해 자기보존을 한다는 명백한 사실을 생물학자가 받아들이는 것에 다름 아니기 때문이다. 이것이 에밀 라들이 말한 생물학적 이념이 될 것인가? 물론 아리스토텔레스의 엔텔레케이아(entelecheia)로부터 생화학자의 효소에 이르는 길은 멀고 험난할 것이다. 그것은 동일한 여정일까?

* * *

생명체의 정의에 대한 아리스토텔레스의 근본적인 개념은 영혼과 기관에 관련되어 있다. 생명체는 영혼이 깃들고 기관으로 조직된 몸이다. 몸이 기관으로 조직될 수 있는 것은 영혼이 깃들었기 때문이다. 사실 정신이란 행위이고 형상이고 목적이다. "만약 눈이 동물이라면 시각은 눈의 영혼이 될 것이다. … 몸의 부분에 해당되는 것은 생명체 전체에도 해당된다."(*De anima*, II, I) 기관은 영혼의 목적을 실현하는 도구이다. "몸은 영혼을 위해 존재하며 몸의 부분들은 자연이 각자에게 부여한 기능을 수행하기 위해 존재한다."(*De partibus animalium*, I, 5) 아리스토텔레스가 '기관'(organon)이란 용어를 손, 부리, 날개, 뿌리 등과 같은 동물이나 식물의 기능적 부분(morion)을 지칭하기 위해 사용한 것이 생물학의 역사에서 얼마나 큰 영향을 미쳤는지를 충분히 설명하기는 어렵다. 적어도 18세기 말까지 해부학과 생리학은 아리스토텔레스가 장인이나 음악가로부터 빌린 용어를 보존하고 있었다. 이 용어의 사용은 자연과 기예, 생명과 기술 사이에 유비가 성립한디는 생각을 명시적이건 아니건 전제로 하고 있다.

아리스토텔레스가 자연과 생명을 기예들 중의 기예(l'art des arts)로 인식하고 있었다는 사실은 잘 알려져 있다. 그는 그것을 내재적이며 사전 숙고와 고려를 필요로 하지 않는 그 자체로 목적론적인 과정으로, 모든 기술이 모방하고 싶어 하는 과정으로 이해했다. 의술은 건강의 이념과 살아 있는 유기체의 목적과 형상의 영감을 받아 스스로에게 적용한 규칙에 의해 저절로 낫게 될 때 자연에 가장 근접한다. 이러한 관계에서 의사의 아들이었던 아리스토텔레스는 히포크라테스의 자연주의와 연결된다.

그러나 생명의 목적론적 과정은 절대적으로 효율적이며 틀림 없는 것은 아니다. 기형의 존재(『동물발생론』*De generatione animalium*, IV, 10)는 자연의 오류를 증언해 주는데, 이는 형상을 부여하려는 시도에 대해 질료가 저항하는 것으로 설명될 수 있다. 형상이나 목적은 반드시, 그리고 항상 본보기가 되는 것은 아니며 어느 정도의 일탈이 용인된다. 어떤 유기체의 형상은 대부분의 경우 거의 근사하게 표현된다. 그로 인해 우리는 형상을 규범으로 인식하며 여기에 비추어 예외는 비정상적인 것으로 규정된다.

아리스토텔레스주의의 주장들은 조목조목 데카르트에 의해 전복되었다. 자연은 운동과 보존의 법칙과 동일시되었다. 의학을 포함한 모든 기예는 기계 제작의 일종이다. 데카르트는 해부생리학적 기관의 개념을 보존하지만 기관 형성(organisation)과 기계 제작(fabrication) 사이의 모든 차이를 폐기시켰다. 살아 있는 육체와 그를 모방한 자동기계 사이에 존재하는 모델의 관계는 역전되었으나 이는 애매함의 대가로 주어진 것이다. 자동기계는 **복제**의 의도로 만들어진 것이나 생명체에 대한 데카르트의 이론은 이를 지성을 가진 자연의 **등가물**로 본다. 데카르트의 물리학은 자연과 기술 사이의 존재론적 차이를 허용할 수 없다. "많은 톱니바퀴로 만들어진 시계가 시간을 표시하는 것은 이러저러한 씨에서 태어난 나무가 이러저러한 열매를 맺는 것과 마찬가지로 자연적인 현상이다."(『철학의 원리』, IV, 203)

생물학사가들이나 의학사가들이 데카르트를 갈릴레이의 역학과 산토리오(Santorio Santorio)의 의학적 정역학(statique)의 영향을 받은 이탈리아의 의사-수학자 무리에 포함시킨 것은 놀라운 일이 아니다. 그러나 이런 분류는 어떤 이들에게 역설적인 것으로 보이기도 하는데, 그것은 이러한 분류가 과학의 고유한 대상을 없애기 위한 환원론적 시도를 그 과학의 역사에서 보여 주기 때문이다. 우리는 학계의 전통적인 단순 도식에 도전하고자 하는데, 이런 단순한 도식은 텍스트에 대한 불완전한 독해나 어떤 개념에 충분한 주의를 기울이지 못한 탓이다. 데카르트는 자신의 기획과 프로그램을 성공적으로 퍼뜨리지 못했다. 그것은 그가 주장한 생명체의 정의에 이러한 판단과는 상반되는 적극적 특성들을 역학의 대상으로서 통합시켜야 했기 때문이다.

우선 데카르트의 시계는 정확한 시간을 가리키건 가리키지 않건 역학의 법칙을 따르기는 마찬가지이다(『성찰』, VI). 마찬가지로 사람이 아프거나 건강한 것은 모두 자연적인 현상이며, 질병이 자연이 타락은 아니다(*Ibid.*). 그러나 물을 마시는 깃이 해가 되는 수종환자가 가지는 갈증은 "자연의 진정한 오류"이다. 이 오류는 영혼과 육체가 실질적으로 결합한 결과 나타나는 것이며, 갈증이나 고통과 같은 느낌들이 "완전히 건강한 상태에 있는 인간 육체를 보존하는 데" 유용하거나 해로운 사물이나 상황에 대한 통계적으로 입증된 믿을 만한 지표라 하더라도 말이다(*Ibid.*). 『뷔르만과의 대화』(*Entretien avec Burman*, 1648) 마지막 부분에서 동물처럼 온순한 생명의 활동과 "자신의 회복"에 적용되는 자연의 조용한 가르침에 대비되어 데카르트적 역학에 기초하지 않은 의사들만의 의학은 평가 절하되고 비웃음을 당한다. "인간은 각자 자신의 의사가 될 수 있다."[15] 자기보존은 데카르트에 있어서조차 생명체를 구별짓는 제일의 특성이 된다. 그리고 괘종시계나 손목시계의 모델은 데카르트의 사후에(1650) 하위헌스가 발명한 등시진동진자(1657)와 나선용수철(1675) 등의 기계장치들로 인해 충실해질 수 있었다. 이

15   E. Aziza-Shuster, *Le médecine de soi-même*, Paris, P.U.F., 1972, chap. 1: Descartes et la médecine, des "demonstrations infaillibles" à l'écoute de la nature.

들 기계장치는 발명된 지 한참 후에 조절자라고 명명되었다. 라부아지에가 호흡생리학과 동물열에 "동물기계의 조절장치"(『동물호흡에 관한 첫 번째 논고』*Premier mémoire sur la respiration des animaux*, 1789)라는 개념을 도입했을 때 데카르트의 개념과 히포크라테스의 직관 사이에 일치가 작동하고 있었다.

18세기에 조절장치라는 용어와 함께 사용된 "동물기계"라는 은유적 개념이 생명체의 특징적 성질을 완전히 감추는 데 이르지 못한다면, 정치경제(1615)란 용어 이후에 사용된 은유적이기는 마찬가지인 "동물경제"(économie animale, 1640)라는 개념은 조직화된 몸 안에서 잘 조율된 구조-기능의 관계적 측면을 존중하려는 명백한 의도를 갖고 있다. 국내경제와 마찬가지로 동물경제는 전체의 안녕을 목적으로 하는 현명한 정부를 상정한다. 18세기 생리학의 개념사에서 "동물경제"를 통해 동물기계 개념이 점차 유기체 개념으로 대체된다. "경제"(economie)는 기관(organe)과 마찬가지로 아리스토텔레스에서 기원한 개념이다. 이 두 개념의 부분적인 겹침은 과학적 개념들의 역사에 나타나는 논리를 따른다.

1650년 이후 라틴어, 프랑스어, 영어 등에 조직화(organisation), 조직된(organisé), 유기체의(organique), 유기체(organisme)와 같이 기관(organe)에서 파생된 용어들이 넘쳐나는 것은 생명에 대한 새로운 개념을 만들어 내려는 집단적 노력을 보여 주는 지표이다. 가상디(Pierre Gassendi), 로크, 라이프니츠, 보쉬에(Jacques-Bénigne Bossuet) 등과 같은 철학자들뿐 아니라 던컨이나 슈탈과 같은 의사들도 이 용어들을 사용하였다. 유기체(organisme)를 기계적 작용(mécanisme)으로 환원시킬 수 없다고, 전체 안에 존재하는 부분들 사이에는 일정한 질서가 있다고 가장 집요하게 주장한 사람은 말할 나위 없이 슈탈이었다(*De diversitate organismi et mecanismi*, 1706). 생명체의 몸은 도구화되어 있고(instrumenté) 도구적이다(instrumental). 구조의 효율적 배치는(*structura, constructio, ordinatio, distributio*, parag. XIX) 매개되거나 매개되지 않은 작인들의 협력을 보여 준다. 몸의 물질적 구성은 쉽사리 부패된다. 그런데 슈탈은 질병이 예외라는 사실을 관찰했다. 따라서 보존력, 즉 해체에 적극적으로 저항하는 비물질적 힘이 영구히 작동하고 있는 것이다. 유기체의 자기보존은 기계적 자동운동의 효과가 아니라 자연적 자치의 결과이다(*De autocratia naturae*, 1696).

사람들은 슈탈의 생기론이 가지는 중요성을 제대로 평가하지 않는다. 그것은 뒤이은 생리학의 발전이 그에게 가한 반박만을 보기 때문이다. 만약 슈탈의 체계 내에서 유기체의 항구적 특징들을 확인하는 것이 이러한 특성들의 원인을 추정하는 것과 같은 중요성을 가진다고 생각한다면, 보다 많은 19세기 생리학자들의 저술에서 슈탈의 흔적을 발견할 수 있을 것이다. 로버트 와이트(Robert Whytt)가 있었던 스코틀랜드와 잉글랜드보다, 펠릭스 플라트너(Felix Platner)가 있었던 독일보다, 슈탈주의는 프랑스에서 비샤에게 영감을 주었던 몽펠리에의 의사 보르되와 바르테즈(Paul Joseph Barthez)에 의해 학파를 이루었다. 비샤의 생기론에 대한 클로드 베르나르의 비판은 생리학자로서 자신의 관점이 마장디 못지않게 비샤를 읽은 것에 빚지고 있다는 사실을 말해 주고 있다. 죽음, 질병, 회복의 능력이 생명체를 단순한 존재자들과 구별시킨다.

철학적 관심이 많은 의사들과 자연사가들은 유기체가 자신의 형상을 복원하고, 자신의 통일성과 형태학적 개체성을 입증하려는 경향이 있음을 보고 크게 놀랐다. (『동물과 식물에 공통적인 생명현상 강의』, 1878, 제1강)

유기체에서 나타나는 현상의 규칙성과 항상성을 설명하기 위해 제시된 인과론에 대한 논의는 조직화라는 사실 자체를 인정하는 것보다 클로드 베르나르에게는 덜 중요했다.

따라서 살아 있는 몸 안에는 우리가 어둠 속에 둘 수 없는 일종의 질서 정연한 배열이 존재한다. 왜냐하면 참으로 그것이야말로 살아 있는 존재들의 가장 두드러진 특징이기 때문이다. 이 배열의 개념이 **힘**이라는 용어로 잘 표현되지 않는다는 사실을 나는 안다. 그러나 여기서 용어는 중요하지 않다. 이러한 사실이 실제로 존재한다는 것은 재론의 여지가 없다. (*Ibid.*)

* * *

해부학과 생리학의 역사가 아리스토텔레스에서 시작되듯 생물학의 역사도 그에게서 시작될 뿐만 아니라 오래전부터 자연사라고 불렸던 분야의 역사도 그러하다. 자연사는 생명체의 분류, 유사성과 차이를 표 안에 분배하는 것, 외형의 비교에서 나타나는 배제 혹은 유연관계에 대한 질문, 지구 환경 안에서 생명을 가진 다양한 유기체들이 공존하는 방식과 양립할 가능성에 대한 탐구 등을 포함한다. 특히 린네는 이 양립 가능성과 공존 방식에 대해 '자연의 경제'(*Oeconomia Naturae*, 1749)라는 이름을 부여했다.

자연사의 역사는 **종**에 관한 문제에 의해 지배되있다. 늑대를 자칼로부터, 미나리아재비를 장미로부터 구별 짓게 만드는 항구적인 결정 요인은 무엇인가? 그것은 명목상의 것인가 실제로 존재하는 것인가? 이 항구적 결정 요인은 변이나 차이를 배제하지 않으므로 다양성 안에서 지속적으로 보존되는 통일성의 조건들에 대한 탐구가 요청된다. 이 탐구는 유연관계에 비추어 외형을 설명하고 생식양식에 비추어 형태를 설명한다. 그리고 이로부터 생식 가능성, 종간 생식 가능성, 잡종화, 종간 불임 등의 문제가 제기된다.

종의 위상은 18세기 자연사가들의 중요한 문제였다. 무엇보다 이를 잘 증언해 주는 것이 뷔퐁과 린네이다. 뷔퐁이 종은 세계의 창조 이후로 고정되어 있으며 이어지는 세대를 통해서 변함없이 유지된다고 생각함으로써 생긴 어려움을 린네는 겪지 않았다. 뷔퐁은 이 문제를 **내적 거푸집**(moules intérieurs) 이론과 **유기 분자** 이론으로 해결하려 하였다. 세대를 통해서도 파괴되지 않는 요소인 유기 분자는 생명체의 몸에 특정한 형태로 축적되며, 이를 틀 짓는 것이 내적 거푸집이다. 내적 거푸집은 전체적 형태를 구성하기 위해 배열되어야 하는 부분들을 질서 짓는 규칙이다.

잠시 이 '내적 거푸집'의 비유를 검토해 보자. 거푸집은 주조나 석공의 도구로서 삼차원적 공간의 형태를 부과한다. 이 단어의 어원은 모듈이나 모델과 관련되어 있다. 이것이 사물에서 사용될 때는 구조적인 규범으로 사용된다. 그러나 유기체의 구조적 규범은 불규칙성을 허용하며 뷔퐁은 이를 여러 차례에 걸쳐 이상 존재(êtres anomaux)라고 명명했다. 그러나 유기체의 기형은 물리적인 불규칙성과는 다르다. 비록 뷔퐁이 처음에는 발생을 결정화(cristallisation)라는 유비를 통해 생각했지만 결국은 결정화를 유기체의 구성 과정(organisation)으로 제시했다. 그는 기형을 **퇴화**의 문제, 다시 말해 종의 변화 가능성 문제와 연결시키는 것을 피하지는 못했다. 이 점에 있어 뷔퐁의 생각은 분명하게 확립되어 있지 않다. 그는 종의 파생이라는 개념이 선험적으로 터무니없는 것이라고 생각하지는 않았지만, 관찰된 사실은 성서의 가르침을 확증해 준다고 믿거나 아니면 믿는 척했다(『동물의 자연사』*Histoire naturelle des animaux*, '나귀'âne 참조).

보다 대담해진 이론이 모페르튀이의 저작에 나타났는데, 이는 아마 경험적인 정보가 부족했기 때문일 것이다. 그는 유기체 형성에서 일어나는 변이들은 유기체 진보의 규칙이라고 생각했다. 『자연의 체계』(*Système de la Nature*, 1751)는 욕구와 기억을 부여받은 물질의 기본 입자들의 존재에 기초한 발생 이론을 제시하는데 여기에 따르면 기본 입자들의 '배열'이 아마 기적적으로 최초의 개체가 형성되도록 유도했을 것이다(parag. XXXI). 닮음, 이종교배, 기형성 등의 현상은 교미에 의해 섞인 종자들에서 일어나는 '배열'이 적합한가 그렇지 않은가 하는 것으로 설명될 것이다. "오직 두 개체에서 지극히 상이한 종들의 증식이 어떻게 일어나는가를 그것으로 설명할 수는 없는가? 그 종들은 우연한 생성에서 처음으로 생겨났을 것인데 거기서 기본적 부분들은 부모가 되는 동물이 가진 질서를 지키지 못한다. 각 단계의 오류가 새로운 종을 만들고, 반복되는 변이로 인해 오늘날 우리가 볼 수 있는 동물들의 무한한 다양성이 생겨난다."(parag. XLV)

우리는 이 텍스트를 현대의 거대 분자 생화학 이론과 유전학 이론의 틀을 통해 읽고 싶은 충동을 느낀다. '질서'와 '오류'는 이 텍스트뿐 아니라 생화학적 유전 질환에 대한 설명에도 정상성과 비정상성을 설명하는 토대이자 원인으로 제시된다. 그러나 오늘날 유전학과 생화학이 유기체의 기형 현상을 해석하기 위해 우리에게 제공하는 독해의 틀은 종의 기원과 유기체의 적응에 대한 다윈주의적 설명과 결합되어 이루어져 있다. 따라서 우리는 모페르튀이의 제안이 과학적인 예상이 아니라 허구로 간주되어야 하는 이유를 이제 이해할 수 있다. 모페르튀이는 변이를 정상화시키는 자연적 기전이 제기하는 난점을 해결할 수 없었다. 그는 뷔퐁과 마찬가지로 길들임, 사육, 농업 등의 기술을 통해 인간이 개입하는 것이 특정한 변이들을 안정시키는 유일한 작인이라고 생각했다.

확실한 것은 새로운 동물과 식물의 종을 특징짓는 모든 변이는 소멸하는 경향이 있다는 사실이다. 어떤 자연의 변이에서 자연은 기술이나 규제를 통해서만 존속한다. 자연의 작업은 항상 우수한 것을 되풀이

하려는 경향이 있다. (『자연의 비너스』, 1745, 2부 5장의 끝)

사소한 기형이라 할 수 있는 변이를 정상화시키는 자연의 작용을 발견하는 일은 다윈에게 맡겨졌다.

『자연선택에 의한 종의 기원에 관하여: 삶을 위한 투쟁에서 유리한 종의 보존』(1859)이 출판되자 이를 처음으로 읽은 독자들 가운데는 제목에 언급되고 책의 내용에서 자주 반복되는 어떤 개념들의 전통적인 의미 때문에 유보적인 태도를 가지는 사람들이 있었다. 자연선택 이론은 결국 후천적으로 일어나는 일탈을 새로운 생태적 상황에서 생존을 유리하게 만드는 일시적 장점으로 정당화시키는 것이다. 우연한 합치가 미리 규정된 적응을 대체한다. 자연선택은 제거시키는 것이다. 살아남은 생명체의 형태는 불리한 개체들의 죽음으로 인해 서로 간에 어느 정도 다른 모든 개체들의 집단으로부터 떨어져 나온다. 선택, 장점, 적응, 유리, 불리 등과 같은 용어들을 문자 그대로 받아들이는 사람들은 다윈의 어휘가 종의 기원에 대한 다윈의 설명에 목적론이 배제되어 있다는 사실을 부분적으로 은폐하고 있음을 인식하지 못한다. 그것은 생명에 대한 관념에서 가치를 지칭하는 모든 것들이 배제되어 있다는 의미인가? 성공이 계속해서 생존하는 것을 의미하더라도 죽느냐 사느냐, 성공적으로 싸우느냐 그렇지 않느냐 하는 것은 중립적 사태인가? 다윈의 언어는 다윈의 생각을 배반하는가? 아니면 그것은 적응에 대한 인과적 설명은 생명체와 죽음을 비교함으로써 결정되는 적응의 핵심적 의미를 소멸시키지 못한다는 부인할 수 없는 사실을 잘 표현해 주는가? "자연선택이 작용하지 않았다면 가치가 개입하지 않았을 자연상태의 변이가 존재했을 것이다.… 선을 조장하고 악을 거부하기 위해 이 법칙이 오랜 세월에 걸쳐 작용하고 각 피조물의 구조와 전체 구성, 그리고 습속을 엄밀하게 살펴본다면 이 법칙에 어떠한 제한을 가할 수 있겠는가?"(『종의 기원』, 14장, 2절) 다윈의 업적은 지구 공전의 영속적인 주기와 "점점 더 아름답고, 점점 더 놀라워지는" 생명체 형태들의 무한한 진보 사이의 내립 위에서 마침내 완성된다.

생명체들이 서로 경쟁하며 살아가는 이 세상에서는 "유기체에 대한 유기체의 관계가 살아 있는 존재들을 변화시키는 모든 원인들 중에서 가장 중요하며"(*Ibid.*, 14장, 5절) 개체변이나, 구조나 본능의 일탈이 생존을 임시적으로 보장하는 데 유용하다고 규정하면서, 다윈은 생명체가 생명과 죽음에 대해 가지는 관계에 토대를 둔 정상성의 기준을 생물학에 도입했는데 이러한 도입은 생물학의 대상을 결정하는 데 있어 정상성에 대한 모든 고려를 배제한 것과는 거리가 멀다. 다윈 이전에 죽음은 지구상에 존재하는 생명체들의 총량을 규제하는 조절자로 여겨지거나(뷔퐁), 자연이라는 경찰의 규범을 어긴 데 대한 처벌이자 자연의 평형을 유지하는 도구로 여겨졌다(린네). 다윈에 따르면 죽음은 미리 설정한 형상이 없이 생명체의 형태를 만들어 내는 맹목적인 조각가이다. 다른 환경하에서 일탈은 생존의 기회로 전환된다. 물론 다윈은 적응 개념을 모든 종류의 미리 정해진 목적성으로부터 해방시켰지만 정상성과 무관하게 적응을 생각한 것은 아니다. 그럼에도 불구하고 다윈주의의 정신에 따르면 규범은 더 이상 고정된 명령이 아니라 이행할 수 있는 역량이다. 생명체의 정상성은 환경에 대한 관계성으로, 그것은 생명체로 하여금 그 후손들의 개체적 변이를 통해 새로운 환경에 대해 새로운 유형의 관계를 가능하게 만든다. 생명체의 정상성은 생명체 내부에 존재하는 것이 아니고 생명체를 넘어서 어떤 장소와 주어진 순간에서 보편적인 생명이 죽음에 대해 갖는 관계를 표현한다.

환경이 경쟁적 관계의 변이들을 중재한다고 해서 유기체의 질서가 필연적으로 정교화되는 방향의 결과가 도출되지는 않는다. 그것은 불안정한 방식으로 실현됨에도 불구하고 목적론적 방식은 아니지만 확고한 방향성을 갖고 있다. 유전을 통해 생명체가 연속되는 것은 서열을 만드는 자연의 능력을 잘 보여 준다. 샐버도어 루리아는 "진화는 약속에 의해서가 아니라 위협에 의해서 작동한다"[16]고 말했는데 어느 것에 의해 작동되는가는 중요하지 않다.

* * *

요컨대 1860년대에 살아 있는 유기체의 존재 양식은 자연사의 길을 통하건 생리학의 길을 통하건 인식의 수준에서 정상성이나 비정상의 개념이 지칭하는 대조적인 가치 부여가 이루어지기 쉬운

---

16 Salvador Edward Luria, *La vie, expérience inachevée*, Paris, Colin, 1975(*Life, the Unfinished Experiment*, 1973의 불어 번역본), p. 156.

대상으로 간주될 수 있었다. 그러나 이 가치 부여의 토대는 결코 보편적으로 일치하지 않았다.

왜냐하면 다윈주의는 종의 기원에 대한 물음에서 자연신학이나 계시신학을 논박했으며, 어떤 생물학자와 철학자는 기계론적이거나 유물론적이지 않은 생명의 본질에 관한 모든 개념을 논박하기 위해 이를 사용했기 때문이다. 화학자들이 막 태어나고 있던 열역학의 법칙으로 유기물질을 분석하고 합성하며, 생명 과정을 화학적인 전환과 에너지 교환으로 환원시키면서 이룩한 진보가 그들을 고무시켰다.

생리학자들은 비샤가 만든 다음과 같은 구분으로부터 영감을 얻었다.

생명현상에는 두 종류가 있다. 1) 건강 상태 2) 질병 상태. 이로부터 두 개의 분명히 구별되는 학문이 유래한다. 생리학은 건강 상태에 대한 현상을 다루고, 병리학은 질병 상태의 현상을 다룬다. 생명력이 자연적인 모습을 취하는 현상의 역사는 결과적으로 이 힘이 변질되는 현상의 역사로 우리를 이끈다. 그런데 물리과학에서는 전자의 역사만 존재하고 후자의 역사는 결코 존재하지 않는다. 생리학이 생명체의 운동에 대해 갖는 관계는 천문학, 동역학, 수력학, 수정역학(hydro-statique) 등이 죽어 있는 몸에 대해 갖는 관계와 같다. 그런데 이들 과학은 병리학과 생리학의 관계에서 볼 수 있듯이 그에 상응하는 학문을 결코 갖지 않는다. (『생리학과 의학에 적용한 일반 해부학』*Anatomie générale appliquée à la physiologie et à la médecine*, 1801, I, pp. 20~21)

그러나 모든 생리학자가 비샤처럼 물리적 법칙에 이질적인 생명력의 존재를 인정하는 것은 아니다. 여기서 클로드 베르나르를 다시 한번 인용해야 하는데 그것은 그의 입장이 여전히 현대적이기 때문이다. 한편으로 그는 생명현상이 물리화학적인 원인만을 드러낸다는 사실을 인정하면서, 다른 한편으로 유기체는 배아로부터 내재적인 도식, 질서의 계획, 규칙성에 따라 발생되어 나오며, 유기체의 조직과 조화, 항상성, 회복이 그 궁극적인 효과라고 주장한다.

　　클로드 베르나르가 이미지를 통해 가리킨 것이 오늘날 거대 분자 생화학 이론에 의해 설명된다. "내적 거푸집"의 은유, "도식", "계획", "지도이념", "명령" 등의 이미지는 염기서열의 코드화된 프로그램 개념에 의해 역행적으로 정당화된다.[17] 생물학의 역사상 최초로 성장, 기관 생성, 생식, 유전적 연속성 등과 같은 생명체의 모든 특징들이 분자구조라는 동일한 공식에 의해, 다시 말해 반응, 효소, 유전자에 의해 설명된다.

　　그런데 20세기의 생화학은 대부분의 19세기 유기화학자들이 지향하던 목표, 즉 생명체와 비생명체 사이의 모든 차이를 제거하는 것과는 정반대의 결론에 도달하였다. 오늘날 생명체는 불안정한 동적 평형상태에 있는 체계로 존재하는 것을 사람들은 인정한다. 그 체계의 질서구조는 외부 환경에서 빌린 에너지로 유지되는

17　『동물과 식물에 공통적인 생명현상 강의』(*Leçons sur les phénomènes de la vie communs aux animaux et aux végétaux*, Paris, Vrin, 1966) 재판에 실린 필자의 서문.

데, 이 외부 환경은 무질서한 분자나 질서정연한 결정(cristal)을 그 특징으로 한다. 그 결과 생물학이 자신의 대상을 물리학자와 화학자의 권한에 자신의 대상을 완전히 맡긴 순간, 역설적으로 그 대상의 고유성이 합리적으로 정초된다. 이 순간 조절과 항상성 개념은 마멸(usure)과 분해, 그리고 무질서에 저항하고 이들을 지연시키는 생물학적 기능을 이해하기 위하여 요청되는데, 이들[조절과 항상성]은 환경에 의존하는 생명체의 개방 체계가 가지는 상내적으로 자율적인 기능이다. 유기체가 가진 정상성에 대한 직관, 이미지, 은유는 그 말하는 데서는 평가절하되지만 그 의도에서는 정당화된다.

물론 정상적인 것과 비정상적인 것의 대립이 정당화되는 객관성의 수준은 표면에서 심부로, 발달한 유기체에서 배자(胚子)로, 거시적 차원에서 극미적 차원으로 이동한다. 현재 규범이나 이탈을 결정하는 것은 유전 메시지의 전달 양식과 유전자 프로그램의 재생산 양식이다. 사람의 염색체 이상 가운데 어떤 것들은 다운증후군과 같이 임상적인 관찰로 즉시 알아낼 수 있지만, 또 다른 것들은 클라인펠터증후군과 같이 명백한 병적 효과 없이 용인되며 특정한 환경적 상황에서만 바깥으로 드러난다. 유전이상 가운데서 돌연변이 유전자의 존재로 인한 특정한 생화학적 장애를 말하는 "선천적 대사이상"(개러드Archibald Garrod, 1909)만을 이상(anomalie)이라고 부를 것인데 그것은 통계적으로 드물기 때문이 아니라 그것이 어떤 환경하에서는 병리적이거나 치명적인 효과를 나타내기 때문이다(혈우병, 헌팅턴무도병 등). 질병에 대한 새로운 명명법이 생기는데 이는 더 이상 전체로서 취한 개인을 지칭하지 않고 형태적이고 기능적인 구성 요소들의 문제를 지칭한다. 헤모글로빈의 질병, 호르몬의 질병(예를 들어 갑상선), 근육의 질병 등이 그 예이다. 촉매작용을 하는 효소의 변질로 화학적 합성을 막아 버리는 유전자 돌연변이의 원인은 모페르튀이가 상상한 바와 같이 일탈로 해석되는 것이 아니라 텍스트를 필사하는 데서 생기는 오류와 마찬가지로 유전자 메시지를 오독한 것으로 해석된다.

'오류'라는 용어와 함께 괴물을 자연의 오류로 규정했던 아리스토텔레스나 중세기의 개념으로 돌아가는 것은 아니다. 왜냐하면 여기서는 장인이나 건축가의 서툶이 문제가 되는 것이 아니라 필사자의 실수가 문제되기 때문이다. 살아 있는 유기체에 대한 새로운 과학은 그들 존재 양식의 정상적이거나 비정상적인 측면을 제거하지 않았을 뿐만 아니라, 정반대로 원래의 구조 안에 그것을 정초한 것이다.[18]

* * *

인식론의 관점에서 볼 때 지극히 특이하고 흥미로운 사실은 오늘날 조직화된 체계의 기능이나 행동을 묘사하기 위해 생물학자들이 사용하는 용어 중에 '자기 혹은 자가'(auto-)라는 접두어로 만

---

18 Georges Canguilhem, *Le normal et le pathologique*, Paris, P.U.F., 1966, "Un nouveau concept en pathologie, l'erreur"(pp. 207~218).

든 용어들이 크게 증가한 점이다. ― 자기조직(auto-organization), 자가생식(auto-reproduction), 자기조절(auto-regulation), 자기면역(auto-immunization) 등. 물론 생물리학자나 생화학자는 이러한 성질들을 결정하는 요인들을 밝히고 자가생식하는 자동기계의 인공두뇌적 모델을 확립하려고 노력했다(노이만John von Neumann). 그러나 이러한 모델은 논리적으로만 존재하며 실제로 존재하는 유일한 자가생식 자동기계는 자연의 유기체 시스템, 다시 말해 생명체이다. 사기(auto-)라는 접두어를 가진 용어를 통해 이 시스템의 특성을 지칭하려는 인식론적 의무는 이 시스템이 환경과 맺는 관계 유형을 표현한 것이다. 슈뢰딩거(Erwin Schrödinger)에 의하면 "생명은 물질의 행동이다. … 그것은 기존 질서의 유지를 토대로 한다"(*What is life*, 1945). 루오프(André Michel Lwoff)에 따르면 "생물학적 질서는 생물학적 질서 이외에 다른 기원을 가지지 않는다"(*L'ordre biologique*, 1962). 비평형상태에 있는 생명체의 개방 시스템은 외부에 개방됨으로써, 그리고 개방됨에도 불구하고 그 조직을 유지한다.[19] 사람들이 거기

---

19 과거의 텍스트를 오늘날의 눈으로 읽고, 그것이 현재나 미래의 것을 예기한 것이라고 말하고 싶은 유혹에 양보하고 싶지는 않지만, 퀴비에의 다음 두 텍스트는 인용하지 않을 수 없다. "생명은 연속적인 소용돌이이다. 그 방향은 아주 복잡하지만 동일하게 남아 있고, 거기에 이끌리는 분자들의 종류도 동일하지만 각 분자들 자신이 동일한 것은 아니다. 이와는 반대로 현재 생명체를 구성하는 물질은 곧 그렇게 존재하기를 그칠 것이다. 그러나 현재의 물질은 미래의 물질이 동일한 방향으로 나아가게끔 강제하는 힘의 임시저장소이다. 따라서 몸의 형상은 그것을 구성하는 물질보다 더욱 본질적이다. 왜냐하면 물질은 끊임없이 변하지만 형상은 보존되며, 게다가 종의 차이를 이루는 것은 이 형상이며 만물에서 거의 동일한 물질의 조합이 아니기 때문이다."(p. 187) 또 "생명이 생명체를 구성하는 요소 전체를 붙잡아두는 단순한 관계라고 생각하는 것은 실은 생명에 대해 거짓된 개념을 만드는 것이다. 그와는 반대로 생명은 요소들을 움직이고 운반하는 동력이다."(p. 210) Cuvier, *Histoire des progrès des sciences naturelles : depuis 1789 jusqu'à ce jour*, 1810(Nelle ed. 1834). 오늘날 우리가 '에너지의 흐름'이라고 부를 수 있는 것 내에서 형상의 연속성을 '소용돌이'라고 부르는 것은 생명의 고유한 특성에 대한 예리한 감각의 지

에 어떤 이름을 부여하든 조직은 일정한 물리적 양의 성질을 표현한다. 생물학은 자신의 운명을 물리학의 운명에 연결시킨 것처럼 보이지만 이것만으로도 생물학을 물리학으로부터 구별하는 데 충분하다. 생물학자는 정상성의 개념을 계속해서 사용하지 않을 수 없다. 예를 들어 유전자의 염기 하나가 다른 것으로 우연히 대체될 수 있을 것이다. 루오프는 다음과 같이 지적한다.

> 돌연변이가 치명적이라 하더라도 물리학자에게는 아무런 차이가 없다. 마이너스 엔트로피의 양은 변하지 않았기 때문이다. 그러나 돌연변이가 치명적이라면 그렇게 변화된 유기체는 이제 정상적으로 기능할 수도, 자가생식을 할 수도 없게 된다. 그는 생존하기를 그친다. (*Ibid.*)

동물의 장기를 분리시켜 살아 있는 상태로 유지시킬 수 있는 능력을 가진 뛰어난 외과의사가 장기들을 조합해서 생존할 수 있는 존재를 만들거나 혹은 죽음이 예정된 괴물을 만든다는 내용의 레옹 브릴루앵(Léon Brillouin)이 만든 픽션의 중요성에 관해 곰곰이 생각해 보자.

> 이러한 조합은 어느 방식으로 이루어지든 실현될 가능성이 없기는 마찬가지이다. 전자의 조합이 후자의 조합보다 가치 면에서 우월하다.

표가 아닌가?

전체적인 네겐트로피(néguentropie)의 정의를 그럴듯하지 않음(improb-abilité)이나 가치에 연결시킬 것인가? 우리는 괴물을 균형 잡힌 존재와 동일한 것으로 간주할 것인가? 가치의 관념만이 오직 이 새로운 문제에 적응할 수 있는 것으로 보인다. 그러나 우리는 어떻게 가치 개념을 정확하게 정의할 것인가?[20]

* * *

만약 생물학의 역사가 모든 선험적인 단순화에서 자유로워지고 우리가 주제 보존의 법칙이라고 명명하기를 제안했던 다양한 발현들에 관심을 기울인다면 아마 인식론자는 이제 잠정적으로 독단적 환원주의자에 대해 유보적인 태도를 취할 수 있을 것이다.

그러나 이에 대한 반대도 가능하다. 생물학적 대상들에 독특한 정상성을 탐구하고 밝히는 과정에서 이러한 대상들이 포착되는 서로 다른 차원들을 혼동하지는 않았는가? 허셜(William Herschel)에서 허블(Edwin Hubble)에 이르는 천문학자들이 태양계를 넘어 은하계로, 또 은하계를 넘어 초은하계로 그 대상을 상상할 수 없을 정도로 확장시킴으로써 천문학을 혁신시켰다면, 그와는 반대로 생물학자들은 세균, 유전자, 효소 등으로 그들의 연구 대상을 점차 극소화시킴으로써 마침내 생명의 유래를 발견했다. 그런데 앞선 분석에서 우리는 인지되거나 체험된 현상의 차원을 설명된 현상의

---

20 Brillouin, *Vie, Matière et Observation*, Paris, Albin Michel, 1959, p. 105.

차원과 혼동하지 않았는가? 정상성은 유기체의 특성으로 나타나지만 구성 요소의 차원에서는 사라진다.

그러나 우리는 모든 차원에서 믿을 만하지만 때로는 실패할 수도 있는 질서의 구조를 확인할 수 있다고 믿었다. 정상성의 개념이 제안된 것은 이러한 질서를 지칭하기 위해서이다. 정상성은 물리학의 인식론에는 낯선 개념이다. 정상성을 생물학의 영역에 한정해 사용한다고 해서 생물학의 물리화학적 토대를 거부하는 것은 결코 아니다. 그것은 사고의 경제성이라는 명분으로 두 개의 역사적 문제의식을 동일시하지 않도록 해 준다. 생물학의 역사에서 생명체의 구조와 기능의 정상적 현상에 대한 전과학적(pré-scientifique) 개념화는 그것이 사이비 이론적 내용을 가졌기 때문에 포기되었지만, 변이된 형태하에 대상의 고유성을 지시하는 역할로 존속되었다. 멘델레예프(Dmitrii Mendeleev)가 제안한 화학원소의 주기율표가 데모크리토스의 직관에 경험적 근거를 제공하지 않지만, 이와는 반대로 유전 프로그램의 해독은 클로드 베르나르의 은유를 경험적으로 정당화한다. 유물론자의 일원적 인식론의 입장에서 보기에도 물리학과 생물학 사이에는 근본적인 차이가 존재한다. 때로 목숨의 위협을 무릅쓰면서 물리학을 만들어 낸 생명체의 질병과 죽음은 물리학의 문제가 아니다. 살아 있는 물리학자와 생물학자의 질병과 죽음은 생물학의 문제이다.

한편으로는 실험실에서 배양되는 세균과 다른 한편으로 실험실에서 세균의 삶을 관찰하는 생물학자 사이에는 생명의 질서와 자연선택의 필터가 존재를 부여한 모든 유형의 생명체들이 존재한다. 이 생명체들은 어떤 행동의 제약이나 적응성의 규범을 자발적으로 받아들이며 삶을 영위한다. 이러한 행동과 규범의 중요한 의미에 대한 질문은 비록 직접적으로 물리학과 화학에는 속하지 않지만 생물학의 일부를 이룬다. 마조리 그렌(Marjorie Grene)이 지적한 바와 같이 생물학에는 생화학자들 곁에 바위턴데이크(Frederik Buytendijk)와 쿠르트 골드슈타인(Kurt Goldstein)[21] 같은 학자를 위한 자리가 있다. 생물학의 역사는 그것을 인정해야 한다.

이 논문의 목적은 생물학과 관련된 역사적 문제의식의 입장에 어떻게 철학이 개입할 수 있는가를 보여 주는 것이었다. 그 시도가 성공하지 못했다고 평가할 수도 있다. 그러나 이 논문은 또한 이런 종류의 모든 연구가 문제를 불필요하게 복잡하게 만든다는 의견에 이의를 제기하기 위한 목적도 갖고 있다. 저자는 과학사가의 존재를 포함하여 인간 존재를 복잡하게 만드는 것이 철학의 고유한 기능이라고 주장한다.

---

21   Grene, *Approaches To Philosophical Biology*, New York/London, Basic Books, Inc., 1965.

본서에 실린 연구논문의 출전

서론. 현대의 과학사 서술에서 인식론의 역할(Rôle de l'épistémologie dans l'historiographie scientifique contemporaine)

이 논문은 *Scienza e Technica* 76, Annuario della Enciclopedia della Scienza e della Technica, Milan, Mondadori, 1976, pp. 427~436에 "Il ruole de l'epistemologia nella storografia scientifica contemporanea"라는 제목으로 이탈리아어로 출판된 텍스트의 프랑스어 원문이다.

제1부 I. 과학적 이데올로기란 무엇인가?(Qu'est-ce qu'une idéologie scientifique?)

1969년 폴란드 과학아카데미의 지원으로 바르샤바와 크라쿠프의 과학기술사연구소에서 열린 학술대회에서 발표한 논문. *Organon*, num. 7, Varsovie, 1970에 실렸다.

제1부 II. 의학적 이데올로기의 예: 브라운의 체계(Une idéologie médicale exemplaire : Le système de Brown)

이 논문은 모스크바에서 열린 제13차 국제과학사학회(1971년 8월 18~24일)에서 한 "존 브라운(1735~1788). 유기체의 자극성 이론과 그 역사적 중요성"(John Brown. La théorie de l'incitabilité de l'organisme et son importance historique)이란 제목의 짧은 발표를 발전시킨 것이다. 이 발표는 *Actes du Congrès*, section 9(Moscou, 1974)에 실려 있다.

제1부 III. 세균학이 19세기 말의 의학이론에 미친 영향(L'effet de la bactériologie dans la fin des 'théories médicales' aux XIXe siècle)

1975년 4월 바르셀로나 자율대학의 펠리페 시드 교수가 이끄는 의학사연구소에서 한 발표.

제2부 I. 18세기와 19세기 생물학적 조절 개념의 성립(La formation du concept de régulation biologique aux XVIIIe et XIXe siècles)

1974년 12월 M. M. André Lichnerowicz, Jacques Lions, François Perroux, Gilbert Gadoffre가 조직한 "현대과학에서 조절의 개념"이란 주제의 콜레주 드 프랑스 콜로퀴엄에서 한 발표. 이 발표문은 이 책이 편집되고 있는 도중에 학술대회의 발표문집인 *L'idée de régulation dans les sciences*(Paris, Maloine-Dion, 1977)에 실렸다. 그러나 이 책에 실린 텍스트는 독일 생리학의 개념적 진보에 대한 마지막 부분이 보강되었고 그 밖에 참고문헌도 첨가되었다.

제2부 II. 다윈 이래 생명과학의 역사에 대해(Sur l'histoire des sciences de la vie depuis Charles Darwin)

모스크바에서 열린 제13회 국제과학사학회(1971년 8월 18~ 24일)의 개회 발표문. 이 텍스트는 학회발표문집에는 개회 논문이 실리지 않았기 때문에 이 책에 처음으로 수록되었다.

제2부 III. 생물학적 사유의 역사에서 정상성의 문제(La question de la normalité dans l'histoire de la pensée biologique)

이 논문은 History and Philosophy Division of the International Union for the History and Philosophy of Science가 1973년 6~7월에 조직한 Colloque de Jywäskylä(Finland)에서 부탁받은 주제를 발표한 것으로 이 책의 출판을 위해 텍스트를 부분적으로 재검토 및 수정했다.

옮긴이 후기

이 책은 역자가 여러 해 전 다른 출판사에서 낸 번역본의 개정판이다. 이전 번역본이 절판되어 아쉬웠는데, 그간 캉길렘의 저서를 꾸준하게 내 온 그린비에서 개정판을 낼 수 있어 역자로서 다행으로 생각한다. 덕분에 번역서마다 달랐던 저자 이름의 표기도 "캉길렘"으로 통일할 수 있게 되었고, 또 캉길렘의 모든 한국어 번역서가 같은 출판사에서 나오게 됨으로써 일관성도 가질 수 있게 되었다. 그린비출판사에 감사드린다. 개정판을 내며 이전 판의 어색한 표현과 오역을 바로잡았고, 누락된 부분도 보충할 수 있었다.

　사실 캉길렘은 푸코나 들뢰즈처럼 인기 있는 철학자는 아니다. 그렇지만 그에 대한 관심이 꾸준히 이어지는 것은 번역자로서 감사한 일이다. 캉길렘의 특징은 생명과학과 의학을 철학적 사유의 중심 대상으로 삼은 점이다. 그의 작업은 물리학 중심으로 발전하는 과학사·과학철학의 주된 흐름에서 벗어나 이루어졌다. 그렇다고 캉길렘이 그런 국제적 흐름을 몰랐거나 그에 대해 관심이 없었던 것은 아니었다. 그것은 캉길렘의 글을 읽어 보면 알 수 있을 뿐 아니라, 이 책에 실린 대부분의 글이 국제과학사학회에서 발표된 논문이라는 사실을 통해서도 알 수 있다. 또 캉길렘의 학문적 입장은 물리학 중심의 과학철학의 주류에 반발하여 1970년대부터 영미권에서 본격적으로 발전하기 시작한 생물학의 철학과도 성격을 달리한다.

캉길렘의 학문적 계보는 우선 프랑스 인식론 전통 안에 위치시킬 수 있을 것이다. 다만 이전 세대 프링스 인식론을 내표하는 바슐라르나 메이에르송, 푸앵카레 등의 학자들도 모두 물리학이나 화학, 수학 등을 학문적 작업의 대상으로 삼았던 점에서는 과학철학의 일반적 흐름과 크게 다르지 않았다. 그렇다면 캉길렘이 자신의 선배들과는 달리 생명과학과 의학에 집중했던 이유는 무엇이었을까? 캉길렘은 자신이 의학을 공부한 개인적 이유를 철학을 더 잘하기 위해서였다고 밝히고 있지만, 지성사적으로 볼 때 그의 학문은 18세기 후반부터 몽펠리에 의과대학을 중심으로 발전한 프랑스 생기론의 전통에 닿아 있다. 다만 그는 생기론이 띨 수 있는 신비주의나 비합리적 성격에는 거리를 두었다. 영문판 캉길렘 선집의 제목인 "A Vital Rationalist"는 이러한 그의 학문적 입장을 잘 표현한 것이라고 생각한다.

생명체에 대한 기계론적 해석에 반대하여 프랑스에서 일어난 것이 생기론이라면, 독일에서는 낭만주의 전통에서 기원한 전일론(holism)이 있다. 주로 유기체론으로 표현되는 독일의 전일론 전통은 드리슈의 발생학이나 골드슈타인의 신경학을 통해 주장되었다. 골드슈타인이 캉길렘에게 많은 영향을 주었다는 점에서 생명체에 대한 기계론적 해석에 반대하는 프랑스와 독일의 두 흐름이 캉길렘에서 만났다고 볼 수 있다. 다만 독일의 전일론적 유기체론은 사회적으로 확장되며 나치즘으로까지 연결되는 반동적 결과를 낳았다. 캉길렘은 이러한 부정적 측면을 염두에 두었는지, 『정상적인 것과 병리적인 것』에서 사회와 유기체의 근본적 차이를 강조하며 사회를 유기체와 동일시하는 사회유기체설에 분명히 반대하였다.

그렇다면 캉길렘은 생명, 혹은 의학의 문제가 사회와 어떻게 연결될 수 있을 것이라고 생각했을까? 캉길렘이 이에 대해 충분하게 말하지 않았으므로 이 물음에 만족스러운 답을 제시하기는 어렵다. 그의 생명철학과 의철학이 가지는 사회철학적 함의는 앞으로 더욱 탐구되어야 할 주제이다. 그런데 한 가지 분명한 사실은 이 주제가 제자였던 푸코에 의해 생명정치론으로 발전되었다는 점이다. 이 글을 쓰고 있는 지금(2024년 4월), 한국 사회는 소위 '의정 갈등'으로 혼란을 겪고 있다. 국가권력과 의사집단의 충돌은 푸코가 말한 '죽이는 권력'과 '살리는 권력'의 충돌로 볼 수 있으며, 이러한 충돌로 인해 야기된 사회적 혼란을 목도하며 과거 사회에서는 상상하기 어려운, 현대 사회에서 '살리는 권력'이 가지는 힘을 절감하게 된다.

캉길렘의 한국어 번역본은 지금까지 네 권이 나왔다. 많은 것은 아니지만 그렇다고 적은 것도 아니다. 아직 번역되지 않은 그의 저서들은 캉길렘을 전공한 뛰어난 후학에 의해 번역될 예정이어서 캉길렘의 번역을 먼저 시작한 사람으로서 마음이 든든하다. 이렇게 모국어로 쌓인 인류의 지적 자산들이 우리 사회의 학문적 담론을 풍부하게 만들 뿐 아니라, 한국 사회가 직면한 문제들을 해결하는 데 도움이 될 수 있기를 바라는 마음이 크다.

2024년 4월

옮긴이 여인석